夢をかなえる相続

木口真人
（CF Home代表取締役）

はじめに

「不動産を相続したが、相続税が払えず、泣く泣く土地の一部を手放した」

「金融機関の営業マンに勧められて相続税対策のために所有している土地でアパート経営を始めたが、空室が続き、ローンが払えなくなって自己破産した」

「相続問題がこじれにこじれて、家族関係が完全に崩壊してしまった」


巷には相続に関するこのようなネガティブな話がたくさん転がっています。

そのせいで相続というとリスクを伴うやっかいなもの、あるいは面倒なものというイメージを抱く人は少なくないかもしれません。

誰かが亡くなれば相続というものが必ず発生しますが、特に純資産額が3億円を超えるような相続の場合は、相続税という金銭的な負担が大きくのしかかる可能性がかなり高くなります。そこで慌てて税理士さんなどの専門家に泣きつくという方も珍しくないのですが、相続が実際に発生してしまうと、できることはかなり限られてしまいます。

だからこそ、**実際の相続が発生するより前に資産を遺す側もしくは相続する側が何らかの対策を講じる「生前相続対策」が必要**だと言われるのです。

とはいえ相続の話というのは、自分や誰かの「死」が前提なので、面と向かってはなかなか話しにくい、と考えている人も多いでしょう。それもまた、相続というものがネガティブに捉えられやすい理由の一つかもしれません。

ここで、改めて考えてみてください。

「資産を持つこと」の本当のメリットとはなんなのでしょうか？

それは、**「豊かな未来」を描きやすくなること**だと、私は思います。

つまり、資産について考えること、そしてその先にある相続について考えることは、本来はもっとワクワクすることのはずなのです。

本当に大事なのは、いずれ担うことになる相続税への対策を必死に考えることではありません。豊かな未来を見据えて資産の活かし方を考え、幸せな相続につなげることです。

「幸せな相続」という明確なゴールを早い段階で描くことができれば、資産のもち方や活かし方にも新たな視点が生まれます。その新しい視点で見れば、アパートを建てたり、駐車場にしたりする以外にも、資産の活かし方はたくさんあることに、あなたもきっと気付くに違いありません。

そして、ここで強調しておきたいのは、**「幸せな相続」というゴール設定は、あなたやあなたの大切な人の幸せな「今」を手に入れることでもある**ということです。

だからこそ、相続について、そして資産について、1日も早く真剣に考えていただきたいのです。もしも、不安が残るのであれば、一刻も早くそれを解消し、ワクワクする未来に向けた軌道修正を始めてください。

この本との出会いが、あなたの人生により大きな良い変化をもたらしてくれたのなら、著者として、これほど嬉しいことはありません。

さあ、夢をかなえる「幸せな相続」への第一歩を踏み出しましょう。

夢をかなえる相続　目次

第2章

木口真人、波乱万丈の半生

第3章

「相続未来図」という設計図の描き方

第4章

「幸せな相続」への資産形成／お客様の事例

第5章
「相続」で幸せになるお客様の事例 …… 147

第6章

資産を守って活かす「経営者マインド」

「相続税」だけを気にすることの罠

豊かな未来を見据えて資産を活かし、それを「幸せな相続」につなげていただきたい、そして、「資産を持つ」ことの素晴らしさにワクワクしていただきたい。

そんな思いから、私たち**ＣＦホームが提供する独自の相続コンサルティングサービス「相続未来図」**は生まれました。

ただ、実際にご相談に来てくださる地主さんや賃貸オーナーさんは、ワクワクどころか、「相続」に対する大きな不安を抱えていらっしゃるケースがほとんどです。

数億の価値がある不動産を所有する地主さんだったり、賃貸オーナーさんであったりするにもかかわらず、生活に全く余裕がないという苦しい本音を吐露される方も決して珍しくありません。

だから、**実際に相続が発生した時にいったいどれだけの相続税を払うことになるのか、果たしてそれが払えるのか**、というのが、遺す側にとっても、遺される側にとっても、大きな心配の種になるのです。

もちろん、早いタイミングで税理士さんに相談すれば、いろんなパターンの「節税対策」について親切に教えてくれるでしょう。

ある日、ハウスメーカーの営業マンがやってきて、「お客様の土地にもう1軒賃貸アパートを建てれば将来の相続税の心配はなくなりますよ」と言ってくるかもしれません。

多くの不動産を相続する予定なのであれば、十分な担保があるのは間違いないので、金融機関だって、「相続税分のお金くらいは喜んでお貸ししますから心配はいらないですよ」と言ってくれるはずです。

つまり、少なくとも**実際に相続が発生する前であれば、相続税対策はいろいろとやりようはある**のです。

ただし、その方法の多くは私から見ると、単なるその場しのぎのものも多く、必ずしもベストだとは思えません。中には最悪だ、と思えるケースさえあります。

また、近年は、**いわゆる「タワマン節税」のようなあからさまな相続税対策は、法律で規制される**ようになっていますので、そこは注意しなければなりません。

そもそもの話、相続できる資産がそこにあるというのに、「相続税」というリスクのことばかりに意識を向けるのは、あまりにもったいないことではないでしょうか。

できれば早いうちから長期的な視野をもち、より前向きに、大事な資産をあなたやあなたの大切な家族の未来のために、どう「活かす」のかを考えていただきたいのです。

不動産という資産にも健康診断は必要です

私たちのコンサルティングは、左の表のような**所有されている不動産のその時点でのキャッシュフローの分析**から始まります。

「●●コート」キャッシュフロー診断シート

年間賃料（満室想定）	¥20,760,000	100.0%
キャッシュフロー	¥6,113,445	29.45%
コスト（維持費）	¥3,846,555	18.53%
ローン	¥10,800,000	52.02%

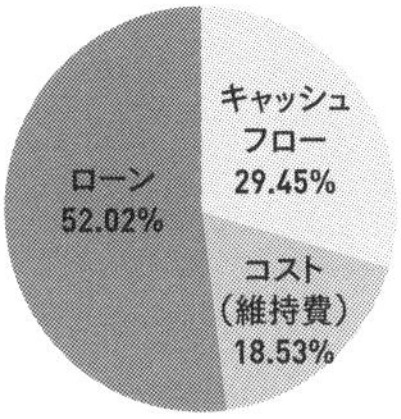

月々の支出		月々以外の支出	
管理手数料（3.3%）	¥57,090	固定資産税（年額）	¥1,046,547
BM費用	¥93,500		
共用部分電気代	¥5,000		
共用部分水道代	¥8,802		
設備点検費用	¥13,942		
インターネット使用料	¥55,000		
月々の支出　計	¥233,334	年額	¥1,046,547
年額	¥2,800,008		

コスト（維持費）計	¥3,846,555

相続評価額と負債のバランス（概算値）

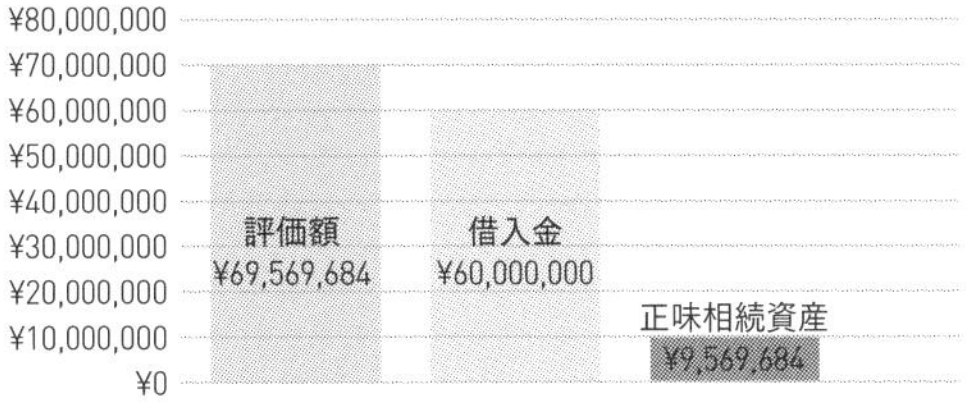

不動産診断というと、その土地の評価額がいくらだとか、このままだと相続税がいくらくらいになる、みたいな話から始まるのが普通だろうと思っていらっしゃる方が、少し怪訝な顔をされることもあるのですが、まず、すべての方に必ず不動産診断のシートの記入をお願いし、キャッシュフローの分析をさせていただきます。

キャッシュフローというのは要するにお金（現金）の流れのことで、もっと簡単に言うと収支のバランスのことです。

例えば会社であれば、売上から原価や人件費などの経費を差し引いたものが利益になります。売上が経費を上回れば黒字ですが、どれだけ売上が多くとも、経費がそれを上回れば赤字になります。赤字がずっと続けば会社は倒産しますから、**キャッシュフローのバランスを管理することは「経営者」としてとても大事な仕事**なのです。

例えば所有する土地でアパート経営をしている場合なども、家賃収入がある一方で、修繕費などの物件自体に係る費用や不動産の管理業務に係る費用など、

［図1］キャッシュフローの良い例

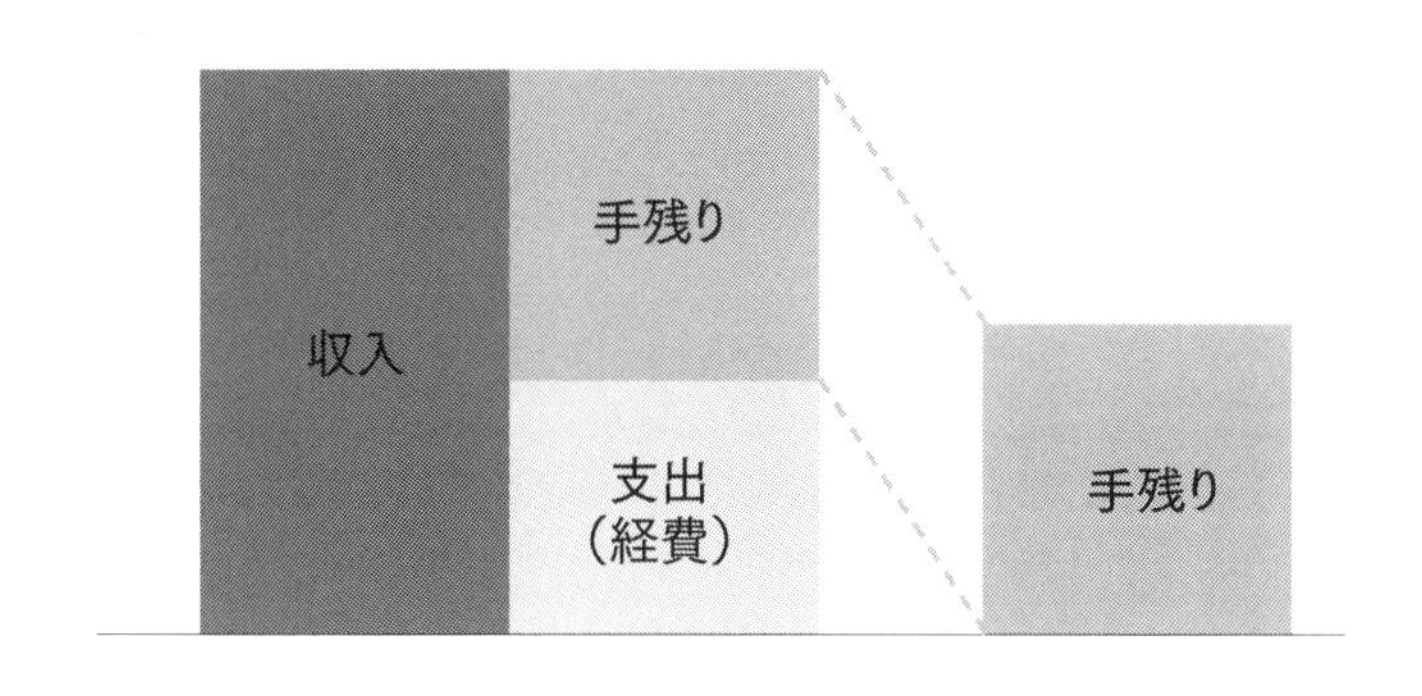

それを維持するための経費が必ず発生します。

図1のように、十分な家賃収入があり、一方で経費が低く抑えられていれば、その差額が「手残り」＝利益となります。この例のようにキャッシュフローが非常に良い状態にあれば、十分な手残りがあるはずです。

ところが実際には、そのようなケースはあまり多くありません。

中には次ページの図2のように家賃収入以上の経費がかかっている不動産をお持ちの方が驚くほどたくさ

［図2］キャッシュフローの悪い例

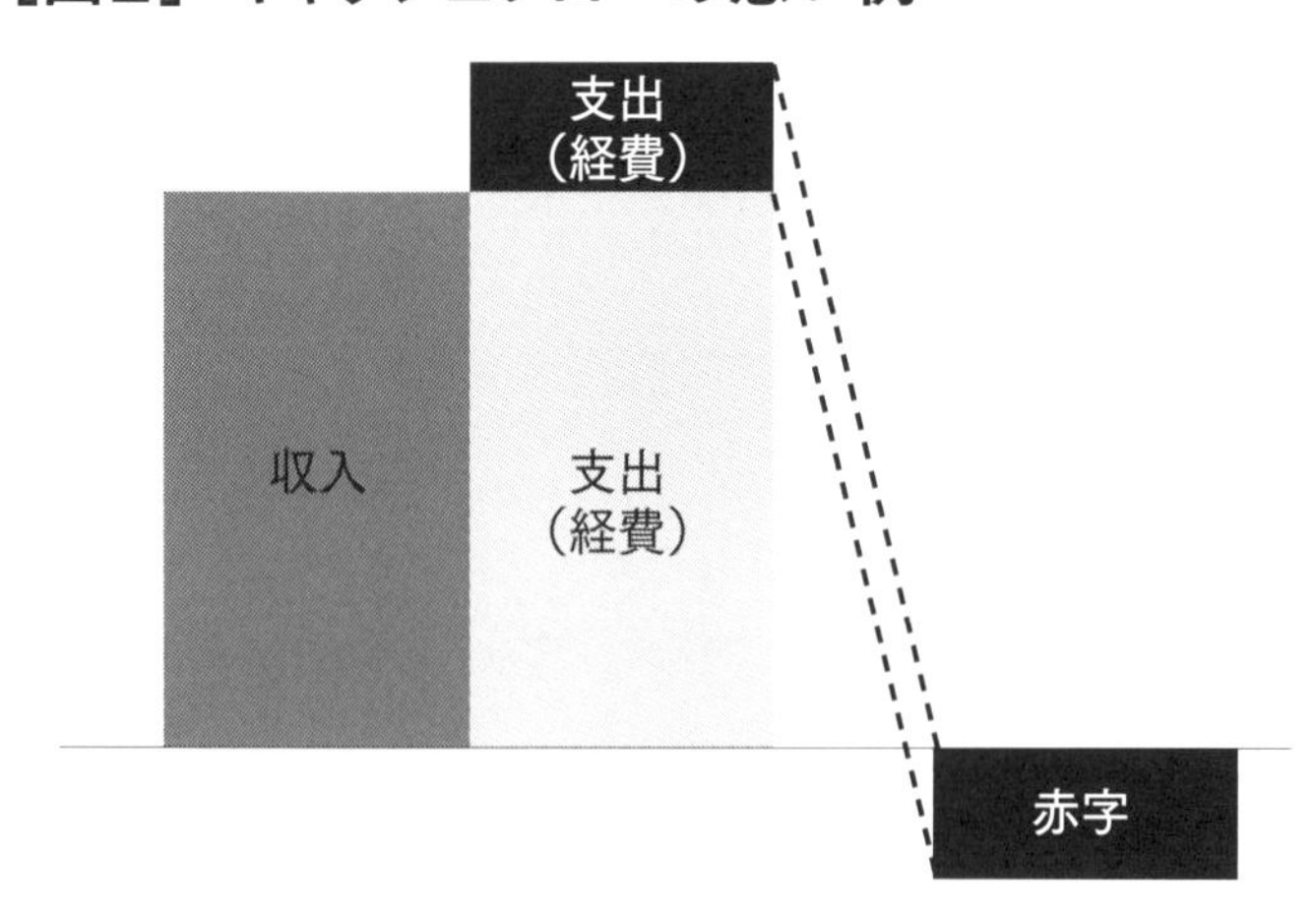

んいます。そのままだと当然赤字になりますから、仕方なく、別のお仕事のお給料とか、奥様のパート代などで補填しているという方、つまり、**「資産を維持するため」に働いている**方が結構いらっしゃるのです。

もちろん図3のようなほぼ「トントン」のケースもあります。

しかもその大半は、昔はそうではなかったのに、築年数が進むにつれて空室が目立つようになり、家賃を下げざるを得なくなって収入が減り、逆に修繕費などの経費が嵩むようになって、気づけばトントンになって

［図3］キャッシュフローの相談が多い例

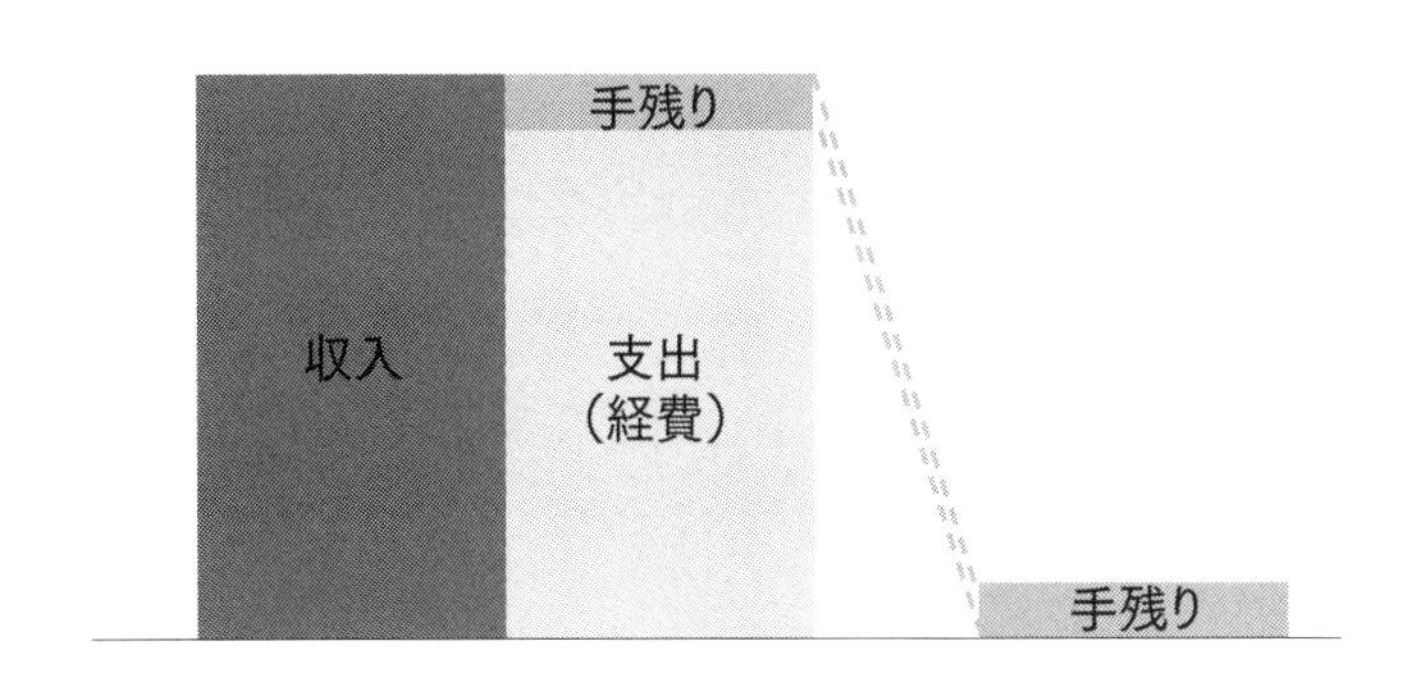

いた、という不動産です。

現時点での負担はないのかもしれませんが、このままだと、今後はどんどん状況が悪くなるのは明らかで、収支が逆転するのも時間の問題です。そうなると、何らかの方法で補填しなければならなくなります。

また、図2や図3の状況にあれば、手残りはマイナスかほぼゼロなのですから、相続が発生した場合に、いったいどれくらいの相続税を支払うことになるのか心配で仕方がないのは当然です。

その資産が収益を生んでいるかど

うかはおかまいなしに、相続税は必ず発生します。この状態のままでいると、それを支払うために、**手持ちの資産の一部、もしくは全部を手放すという決断**をせざるを得なくなる可能性は決して否定できません。

あなたの大事な資産の守り方は間違っている!?

キャッシュフローの現状分析の結果は1枚の紙でわかりやすくお見せできるので、その方が所有している不動産の「健康状態」が一目瞭然になります。

それを見て、「ああ、やっぱりそうだったのか」とおっしゃる方はまれで、ほとんどの方は「えっ？　こんなにひどい状態になっているの？」と驚かれます。

管理会社さんから届く家賃報告書には目を通しているという方が多いのですが、きちんと家賃が入っているからといって、決して安心はできません。

どれだけ多くの家賃収入があろうとも、それと同じ、あるいは、それ以上の支出があれば、その不動産は間違いなく不健康です。

そして**不健康な資産をそのまま放っておけば、取り返しのつかない「病気」＝負債になってしまう危険性がとても高い**と言わざるを得ません。自覚症状が全くないわけではないけれど、なんとかやっていけるからときちんと対応しないまま放置した結果、取り返しのつかないことになりかねないのは、体も不動産も全く同じなのです。

ところが、このようなキャッシュフローの、かなり深刻な問題を指摘しても、「まあ、仕方ないよね」とおっしゃる方も実は少なくないのです。

特に地方や郊外のいわゆる大地主と呼ばれる方にその傾向が強く感じられるのですが、よくよくお話を伺ってみると、そういう方々は、ご先祖様から受け継いできたその不動産を、責任を持って大事に守っていくのが自分の仕事だと考えていらっしゃるのです。

そういう方にとってみれば、「ご先祖様から受け継いだ資産を守るために働くこと」はある意味当たり前なのかもしれません。

でも、キャッシュフローが悪いままでは、莫大な相続税を支払うために、その土地の一部、場合によっては全部を、結果的に手放すことにさえなりかねません。

「元々そのつもりだった」とか「おじいちゃんもそうしていいと言っていた」とおっしゃる方もいるのですが、それは「大事な資産を守る」こととは、完全に逆行しています。

もちろん、ご先祖様を大切に思う気持ちは人としてとても大切なことです。私もお客様のご自宅に伺ったときは、許可をもらった上で、仏間でお線香をあげさせていただきます。近くに氏神様があれば、お参りするようにしています。

それは、その土地の思いを知り、ご先祖様に対しても、「最良のご提案をさせていただきます」とお約束するためです。

その上で率直に申し上げますが、**ご先祖様が遺された遺産を苦しみながら守ることは、必ずしもご先祖様を喜ばせることにはなりません。**

そもそも、自分が遺した資産のせいでかえって家計が圧迫され、苦しい生活を強いられている子どもや孫たちの姿を見た時に、ご先祖様はなんとおっしゃるでしょうか？

「オレが遺した土地なんだからどんなに苦しくたって、何がなんでも守ってくれ」

なんて言ったりはしないと私は思います。

ご先祖様だって、自分の子や孫たちに豊かな生活を送ってもらいたくて資産を遺してくれたに違いないのですから、「もっとお前たちが豊かになれる良い方法があるのなら、好きにしてもいいよ」と言ってくれるのではないでしょうか？

あるいは、ご自身がご先祖様の立場ならどう言うだろうか、と考えてみてください。子どもや孫が、ご自身が残した遺産を守るために苦しい思いをしていることを知ったら「そんなのさっさと手放していいよ」と言ってあげたくなるはずですよね。

つまり、**「苦しくても大事に守ること」は必ずしもご先祖様を喜ばせることではない**のです。

そしてその思い込みを手放すことができれば選択肢は一気に増えます。
そして相続に対する不安のほとんどが解消されていくのです。

必要なのは「経営者のマインド」

改めて言いますが、**「資産を持つこと」「相続すること」の本当の意味は、あなたやあなたの家族の「豊かな未来」を描きやすくなること**です。

つまり、大切なのは、苦しい犠牲を払いながらご先祖様が遺してくれた資産をひたすら大事に守り続けることではありません。

あなたやあなたの家族の豊かな未来が描けるように活かし、より良い形で次の代に受け継いでいくことだと私は考えています。

そのために何が必要なのでしょうか。

それは、**「経営者のマインド」**です。

会社の場合は**キャッシュフローのバランスを管理することは「経営者」とし**

［図4］キャッシュフロークワドラント

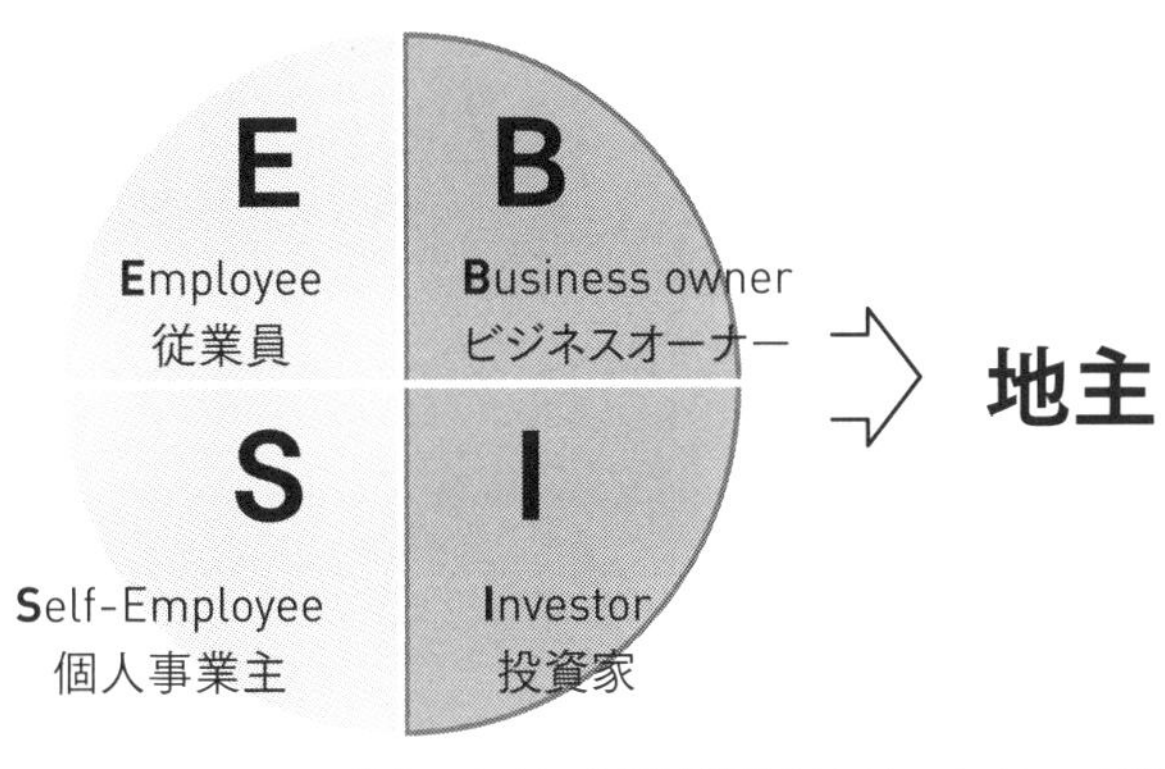

出典：ロバートキヨサキ著「金持ち父さんのキャッシュフロー・クワドラント」

ての大事な仕事だと先ほど書きました。

それと同じ発想を、地主さんや賃貸オーナーさんにもぜひもっていただきたいのです。

ところで皆さんは、**「キャッシュフロークワドラント」**という言葉を聞いたことがあるでしょうか？

これは、『金持ち父さん 貧乏父さん』の著者である、ロバート・キヨサキさんが、人の働き方やお金の稼ぎ方を理解しやすくするために考案した、図4のような「キャッシュフロー（お金の流れ）の4分割」のことです。

4つの文字はそれぞれ以下を示しています。

E＝Employee　人に雇われて働く従業員（労働者）

S＝Self Employee　自分自身が自分の雇い主である個人事業主

B＝Business owner　自分のビジネスを持つビジネスオーナー

I＝Investor　お金を働かせる投資家

そして、収入を得ている人はみな、この4つのうちの少なくとも一つに属していて、どこに属するのかでお金がどこからどのように入ってくるかが決まります。

借地料や家賃という形でお金が入ってくる地主さんや賃貸オーナーさんは、その意味においては、あきらかにB、つまり「経営者」なのです。

ご自身の本来の立ち位置がBであることに気づいていただくと、キャッシュフローに無頓着ではいられないことがよくわかるのではないでしょうか？

「経営者のマインド」からすれば、会社が赤字になっているのに、そのまま放っておいたり、収支がトントンでいいなんてことはあり得ませんよね。

逆に言えば、その**バランスをしっかり管理できる「経営者」になりさえすれば、十分な利益、すなわち「手残り」を確保することができる**わけです。

また、価値が変動する不動産を持っているという意味においては、ーにも属しているとも言えます。

だとすれば、当然**「投資家のマインド」も必要**です。

「投資家のマインド」で考えれば、ご先祖様が遺してくれた不動産という資産をただ持っていれば良いのではなく、上手に活かし、そして育てていくことこそが、それを受け継いでいく人の本当の役目であることに、気づいていただけるのではないでしょうか。

資産というものに対するそういう発想があってこそ豊かな未来は描かれます。また、それが自分自身やご家族の幸せな「今」をもたらし、そして夢を叶える相続をも実現させるのです。

「経営者のマインド」や「投資家のマインド」で資産をしっかり活かせていれ

ば、十分なキャッシュを手にすることもできますから、相続税の問題など恐れることはありません。そういう意味で言えば、**「経営者のマインド」や「投資家のマインド」をもつこと自体が、相続税対策でもある**と言えます。

地主さんや賃貸オーナーさんに必要なのは、単なる相続税対策などではなく、それも含めた経営判断や長期的な視野を持った資産運用の姿勢なのです。

ESBIに優越や善悪は存在しない

「資産運用」という言葉を持ち出すと、「別に自分は不動産で稼ごうなんて思ってないから」とおっしゃる方が必ずいらっしゃいます。

確かに、EやSの人たちは、雇われる側なのか、雇う側なのか、という違いはあっても、自分自身が働くことでお金を得ています。それに対し、あくまでも「仕組み」でお金を得るのがBやIの人たちです。

そして、日本人に根深いのは、「汗水流して稼ぐお金こそが美しい」という価値観です。その価値観からすると、EやSの人たちが得ているのが美しいお金で、BやIの人たちが得ているのは美しくないお金、もっとはっきり言ってしまえば、汚いお金だということになります。

おそらくそのような思い込みが、BやIとしてお金を得ること、いわゆる不労所得に、どこか後ろめたさとか、罪悪感のようなものを抱かせ、B・I側に軸足を移すことをためらわせる原因になっているのだと思います。

でも、**汗水流して働いて得るお金も、仕組みで得るお金も、お金であることに変わりはなく、そこに善悪などありません。**

だからキャッシュフロークワドラントのESBIも単なる分類であって、どれがいいとか悪いとかを決めつけるものではないのです。

ただ、この学びを深めることで衝撃の事実を知り、それには私も大きなショックを受けました。

それぞれのクワドラントの割合は、Eが80%、Sが14%、Bが1%、Iが5%であると言われているにもかかわらず、富の配分は、10%の富をE+Sつまり

94％の人が奪いあい、残りの90％をB＋Iつまりたった6％の人が分かちあっているのです。

そのような話をしながら、「あなた自身はどこにいたいと思いますか？」という質問をすると、ほぼ100％の方が、「そりゃあやっぱり、B・I側にいたいよなあ」とおっしゃいます。

だとしたら本当は抱く必要などない後ろめたさとか、罪悪感のせいでその可能性を自ら手放すのは、あまりにもったいないことだと私は思います。

お金というものに対するマインドセット（無意識の思考）というのは、かなり根強いものがあり、それをリセットするのは簡単ではないかもしれません。

でも、その思い込みから解放されると、BやIのマインドにもスムーズに移行できます。そして、これまで見えなかった、というより、おそらくは見ようとしなかった新しい景色が目の前に広がっていくのです。

B・I側に軸足を移せば、お金も時間も手に入る

もちろん、EやSとしてだって、十分なお金を稼ぐことは可能ですし、それで成功している方もたくさんいます。

ただ、自分自身が働くことや頑張ることが前提なので、どうしても「自分の時間」と引き換えになります。その分、自由に使える時間が減り、「お金はあるけれども、時間がない」という状況に陥りがちなのです。

こういう人は非常に多く、私自身もかつてはまさにこれでした。

一方「仕組み」でお金を得るBやIは、「自分の時間」を犠牲にする必要はありません。だから、**お金だけでなく、自由に使える時間も手に入ります。**

私はそれこそが、BやIとしてお金を得ることの最大のメリットだと思うのですが、皆さんはいかがでしょうか？

また、

「B・I側の人ってお金ばっかりを追いかけてるんでしょ？」

なんて言い出す人が時々いらっしゃるのですが、それはむしろ逆です。

例えば、日本の経済界の重鎮とも言える、ソフトバンクの創業者で現取締役の孫正義さんや、私が尊敬しているワタミの創業者で代表取締役社長でもある渡邉美樹さんは、Bとして、そしてIとして大きな成功を収められていますが、彼らが毎月預金通帳の残高を気にしているかと言えば、そんなことはないでしょう。

では、どういうマインドなのかと言えば、究極的には「お金のことなど一切気にせず、自分のやりたいことをやりたい」ということだと思います。

孫さんや渡邉さんクラスになると、「自分のやりたいこと」というのが、「日本を元気にしたい」とか「世の中を良くしたい」というような壮大な話になっていくのですが、ごく普通のスモールBやスモールIの人も別に「お金を稼ぐ」こと自体を目的にしているわけではありません。望んでいるのは、**「お金のために働く」ことから自分自身を解放して、「本当にやりたいこと、本当に好きなことをすること」**なのです。

お金は仕組みが稼いでくれて、自由になる時間がたっぷりあれば、好きなことを存分にできます。

もちろん働くなと言っているわけではなく、仕事が好きなら働いたっていいんです。

でもB・I側で十分な収入を得ることができれば、お金だけを目的にして働く必要はなくなります。

だから本当に大好きな仕事を好きなだけすることだって可能なのです。

どうですか？

そんな将来を描くとワクワクしてきませんか？

そしてそんな将来を子どもたちや、その孫たちにプレゼントしてあげたいと思いませんか？

不動産の運用は誰に相談するのが正解なのか

例えば、不動産の運用を考える場合、その道のプロに相談しようと考えるのは当然のことです。実際そういう相談を、税理士さんや、不動産会社、ハウスメーカーさんや金融機関の担当者にもちかけたことがあるという方もいらっしゃるかもしれません。

もちろんそういう方々のアドバイスは必ずしも間違っているわけではありませんし、少なくとも真摯な姿勢で仕事に臨んでいる担当者なら、「最善」と思われるアイデアを提示してくれるに違いありません。

だとしても、間違った方向にあなたが導かれる可能性があることを決して忘れてはいけません。

なぜならその「最善」は多くの場合、E・S側から見た「最善」だからです。

さっきも言ったように、地主さんや賃貸オーナーさんというのは、キャッシュフロークワドラントのB・I側にいます。

一方、多くの税理士さんや、不動産会社、ハウスメーカーさんや金融機関の担当者は、そのほとんどがE・S側にいる人たちです。彼らはあくまでも「資産運用についての提案やアドバイスをする」という仕事で報酬を得ているのであって、彼ら自身がB・I側にいるわけではないのです。

誤解のないよう繰り返しますが、どっち側が良くて、どっち側が悪いということもないし、どっち側が上で、どっち側が下なんてことも絶対にありません。ただ、少なくとも言えるのは、**「立場が違うと最善が違う」**ということです。

これは当たり前のことですが、E・S側の人たちは、雇い主、あるいは自分の会社の利益を無視することは絶対にできません。そうでなければ収入を得ることはできないのですから、それは当然のことです。つまり、E・S側の人たちから出てくるアイデアというのは、自社の利益を損ねないという条件付きの「最善」なのです。

例えばターミナル駅からも遠く離れた最寄り駅からバスで15分、というようないわゆる僻地に広い土地を持っている地主さんがいるとします。

広々とした土地を持っていれば相続税は膨大になりますが、それを担保にできるので、銀行に行けば比較的簡単に融資に応じてくれると思います。

ハウスメーカーに相談すれば、ほぼ間違いなく、その土地に賃貸アパートを建てましょうという話をしてくるはずです。土地や建物を他人に貸せばその土地や建物の評価額を低くすることができますから、相続税対策としては確かにそれが有効だからです。

そしてこれらのやり方は、「ご先祖様の土地を手放したくない」と考えるオーナーさんにとっては願ったりかなったりなのですが、実は銀行の担当者にとっても、ハウスメーカーの担当者にとってもそれなりにメリットがあるのです。

大きな土地を所有されているという時点でしっかりとした担保があるということですから、相続税分を貸し付けるにしても、アパートの建築費を貸し付けるにしても銀行は安心してお金を貸せます。銀行からの融資がすぐにおりれば、スムーズに仕事が進みます。

トントン拍子に話が進んで、相続税の不安から解放されれば、オーナーさんもきっと喜んでくださるでしょう。

また、銀行の担当者やハウスメーカーの担当者にとってみれば、それは自分の成績になることも意味しますから、この時点では双方よし、三方よしの状況になっていると言えなくもありません。

でも、それは一時的なものです。

このやり方でオーナーさんがずっと幸せでいられるかと言えば、答えはＮＯです。

長期的に考えると、オーナーさんにとっての最善であるとは限らないと思います。

一般的に考えて、交通の便が良くない地域のアパートがずっと満室であり続ける可能性は高くないです。

ピカピカの新築の時期だけなら、可能性があるかもしれませんが、時間とともに古くなっていくのは避けられません。「新築」が売りにできる時期は限られているので、それ以外の魅力がなければ、空室率がどんどん上がっていくことは避けられないでしょう。

家賃をあてにしてローンを組んでいる以上、家賃収入がなくなってしまうのは大問題です。結局ローンを払いきれなくなり、担保にした土地を手放すしかなくなる、というケースは枚挙にいとまがありません。

でも、だからと言って必ずしもハウスメーカーの担当者が悪いとか、銀行が悪いとか言いたいわけではありませんし、彼らに悪意があったとか、仕事をサボったからもたらされたものでもありません。

なぜそんなことになってしまったのか。

それは、**E・S側に立つ人というのはどうしても短期思考になりやすく、20年先、30年先まで考える余裕がないからです。**

だから、**目の前の問題への対処を優先した最善を、真の最善だと思い込んでしまう**のです。

最善の方法はB・I側の人間だけが知っている

では、誰が本当の「最善」を知っているのか。

それは、同じB・I側にいる人たちです。

私は、不動産に関わる仕事自体にはもう27年も関わっていますが、実はその間に、E・S側からB・I側へと自分のクワドラントを変えた人間です。

自分で言うのもなんですが、E・S側にいたときも、少なくとも自分の会社を立ち上げて以降は、お客様のことを第一に考える、というのが私の信条でした。だから、考え得る限りの最善を提案している、という自負もあったのです。

でも、実際にB・I側に立ってみると、そこから見る景色はまるで違っていました。クワドラントが変わって初めてわかったこともたくさんありました。

だからそれ以降、お客様に提供する「最善」は明らかに変わっています。

逆に言うと、これはとても申し訳ないことですが、かつて「最善」だと思い込んでいたことは、必ずしもお客様にとっての最善ではなかったのかもしれないという反省もあります。どうすることもできないと思い込み、悩みながらも結局ギブアップしてしまっていたことも、実は**その多くがE・S側の発想によるものであって、B・Iの立場で考えてみると別の光が見えてくる、**ということにも気づきました。

そしてこのような**多くの気づきが、私たちが自信をもって提供する「相続未来図」のサービスに存分に活かされている**のです。

そうは言ってもCFホームだって会社なのだから、どこかしらにE・Sの思考が入っているのではないかというご意見もあるでしょう。

でも、その答えは「NO」だと断言できます。

その理由は、私がこれまで歩んできた道のりを知っていただくと、きっとご理解いただけると思いますので、次の章では、私の半生について、詳しくお話しさせていただきたいと思います。

第2章

木口真人、波乱万丈の半生

スーパーの精肉部門から不動産業界へ

神奈川県横浜市で生まれ育った私は、子どもの頃から大好きな野球に毎日明け暮れていました。

多くの野球少年たちがそうであるように、プロ野球選手に憧れた時期ももちろんありましたが、いつしかその夢は大きく形を変え、「将来は社会保険が完備されていて、福利厚生も充実しているような大企業に入り、会社員として安定した暮らしがしたい」と思うようになっていました。

食肉加工の職人だった父がケガをしたり、仕事が暇な時に苦労したりしているのを小さい頃から間近で見ていたので、不安なく、手堅く稼げる仕事に就きたかったのです。

さして勉強もせず、日々新聞を読むなどして世の中の情勢を積極的に知ろうともしていなかった私でも、当時のビジネス界の成功者だと認識していたのが、ダイエーの創業者でもあり、流通革命を起こしたと言われる中内㓛さんでした。

「中内さんの会社なら絶対に間違いない！」

そう思った私は高校を卒業した後迷うことなく、ダイエーに入社することを決めたのです。

実は中学校の恩師からは「木口は絶対営業の仕事が向いているぞ」と言われていたのですが、私にとって大事だったのは、どんな仕事をするのかではなく、どれだけ安定した会社に入るかでした。

今思えば、もったいない考え方だったと思うのですが、その当時は心からそう考えていたのです。

入社後配属されたのは、スーパー・ダイエーの精肉部門でした。そこでひたすら毎日肉を切っていたのです。

大きな会社ですから、社会保険はもちろん整っていましたし、他と比較したわけではありませんが、福利厚生もかなり充実していた方だと思います。

手取りは13万円と決して高額ではなかったとはいえ、毎月お給料もきちんと支払われるし、望んでいた「安定した暮らし」を確かに手に入れることはできたのです。

ところが、ひたすら毎日肉を切り続けていると、だんだんと**この仕事で自分の能力が活かせるのだろうか**という疑問が浮かび始め、その違和感のようなものは日に日に大きくなっていきました。

また、こんなことを言ってはとても失礼なのですが、当時の私はそこで働く先輩の姿が自分の未来の姿なのかと思うと、このまま頑張り続けることにどうしても前向きになれなかったのです。

そんなことから転職を考え始めた私が目にしたのが、転職雑誌に載っていた、不動産営業の求人広告でした。

その時ふと、子どもの頃、新築の家に住む友だちの家に初めて遊びに行った時の記憶が呼び起こされたのです。

新築ならではの心地良い空気に包まれたその家に住む友だち家族の、本当に幸せそうな笑顔を見て感じたのは、うらやましさだけではありません。

家というのはこんなふうに人を幸せにする力があるのだな、と子どもながらに大きな感動を覚えたのです。

その感動が鮮明に蘇った時、「そうだ、あの時、家を扱う仕事をしてみたいと思っていたじゃないか！」とハッとしたのを今でもよく覚えています。

しかも、その広告には、「未経験でも努力次第で月に１００万円以上稼げる仕事」だと書かれているじゃないですか！

やってみたい仕事があって、その上お給料がそんなに高いのであれば、こんないいことはありません。

そこで思い切ってダイエーを退社し、大手の不動産仲介会社に転職することに決めたのです。

それがちょうど20歳の時でした。

大手不動産仲介会社での拭えない違和感

「家というものを通じて、人を幸せにしたい！」という夢を持って不動産業界に飛び込んだ私を待ち受けていたのは、想像以上に厳しいノルマでした。

お客様第一などという姿勢を貫いていてはその達成もままなりません。会社の中にはお客様より上司や会社の都合を優先するのが当たり前という暗黙の空気が漂っていたのです。

ノルマのためには、購入を迷っているお客さんに決断を急がせるようなことを言わなくてはならないし、買い時ではなさそうな物件やそのお客さんには合わないなと思う物件でも熱心に勧めなくてはなりません。

営業のスキルそのものに恵まれていたこともあり、固定給に歩合が加わる給料は経験を重ねるごとにどんどん上がってはいくのですが、お客様を幸せにしているという実感はほとんど得られませんでした。

十分すぎる報酬は得たものの、お客様ではなく会社のほうばかり見て、お金のためだけに働くかのような毎日についに心の限界がきたのは、転職して２年が過ぎた頃です。

そして、私は、

「家を通じてお客様を幸せにすることだけを考える自分の会社を作ろう！」

と決心したのです。

「お客様を喜ばせる会社」での大きな学び

とはいえ、不動産業界に飛び込んで２年足らずの自分が会社を作るなんてことはどう考えても無謀です。

ですから、30歳までには独立すると決め、それまでの期間はこの業界の勉強に充てようと思いました。

そんな時、ある方から、No.２となる人材を探しているという地域密着の不動産会社を紹介されたのです。

その会社は、賃貸、仲介、管理、地主さんへのコンサルティング、借地権、底地権の売買、建売や大きい土地の売買など、不動産に関わることはすべて手掛けていて、いろんな勉強をするのにぴったりでした。

また、**「大手でないぶん名刺では仕事ができない」**というのもその時の自分にとってはむしろメリットに思えました。

でも、何より私の心に響いたのは、その会社の社長に最初に言われた言葉です。

「たくさんのお客さんを喜ばせれば、稼ごうとしなくたって、お金は勝手に入ってくるよ」

その言葉を聞いて、私はその社長のもとで勉強させていただけたら、自分の思い描く会社を起こせると確信し、2度目の転職を果たしたのです。

「1000万円の仲介手数料を一つの案件で得ようとせず、100万円の仲介手数料を10の案件で得るような仕事をしよう」というのが会社の方針で、**「いくら稼ぐか」**よりも**「喜んでくれるお客さんをどれだけ増やすか」**を誰もが大事にしていたのです。

実は前の大手不動産仲介会社と違い、給料のほとんどは歩合だったのですが、数字のノルマではなく、お客さんを喜ばせるほどに給料が上がる仕組みになっていました。

そしてそのやり方でもきちんと会社の業績は上がっていて、「お客様第一でも十分事業は成り立つ」ということをまさに体現している会社だったのです。

また、

「他の不動産会社をライバルだなんて思ってはいけない。彼らを仲間だと思えば、仕事は山ほどできるよ」

というのも社長の口癖の一つでした。

今の私の根底に流れる仕事に対する価値観は、今は亡きこの素晴らしい社長との出会いによって築かれたものだと言っても過言ではありません。

本当に感謝してもしきれないくらいです。

そして、ここでの大きな学びと、同業者というたくさんの仲間を得て、ついに私は、起業する決心を固めたのです。

CFホームの誕生、そしてリーマンショック

２００５年、29歳で起業し、２０１０年、34歳だった私が立ち上げたのがCFホームです。**不動産や建築で後悔する人を日本中からゼロにしたい。**

思い描いたのは、**完全にお客様に寄り添った、「不動産のかかりつけ医」**のような存在の会社です。なんでも相談できる人生の伴走者のような会社、というのが私の理想でした。

CFホームのCFは、Conseiller fiableの頭文字をとったもの。Conseiller fiableとはフランス語で、**「信頼できる相談者」**を意味します。

つまり、この名前には私の会社が目指す姿が込められているのです。

経営者になったわけですから、会社の業績のことも真剣に考えなくてはなりません。

でも私は、前の会社での学びからお客様に貢献し続けていれば必ず長期的に業績は安定していくことを確信していました。

そしてそれをモチベーションに日々奮闘した結果、このままいけばすべてが手に入るのではないかと思うくらい、順調に会社の業績を伸ばしていったのです。

そんな状況を一変させたのが、２００８年9月15日に起きた米投資銀行リーマン・ブラザーズの経営破綻に端を発した、あのリーマンショックです。

その影響は当初想像していたよりはるかに深刻で、すでに仲介が成立していた物件が全部キャンセルされ、その年のうちに入金される予定だった４５００万円が一気に吹き飛びました。

また、リーマンショックの影響で不動産融資もほとんどおりなくなったため、開発して再販売するために購入予定だった土地をすべてキャンセルせざるを得ず、２０００万円もの違約金を課せられました。

実は独立前の２０００年に結婚し、翌年には自宅も購入していた私は、すでに二男一女の父親でした。それにもかかわらず、その頃の会社と個人の銀行の残高の合計は一番ひどい時には５０４１円にまで減っていました。それまでコツコツと築き上げてきた自分の財産のほぼすべてを、この時失ってしまったのです。

一度立ち直るも再び最悪の事態に

そこまでのことが起きると、人というのは自分の考えを一新する必要性を痛感します。

まず反省したのは、経営者としての勉強不足でした。

よくよく振り返ってみると、私が「勉強」と呼んでいたものはすべてが人からの学びだったことに気づいたのです。

もちろんそれも大事なことですが、会える人の数にはどうしても限りがあり、だとすれば、学べることも限定的です。

だからきっと自分にはまだまだ勉強が足りないのだと思いました。

そんなとき、吸い寄せられるように手にしたのが、アメリカ合衆国の自己啓発作家であるナポレオン・ヒルの『思考は現実化する』という本でした。

そしてこの本に書かれていた「考えていることは全て現実になる」というフレーズに、失意のどん底にいた私の心はとても勇気づけられたのです。

「もっといろいろなことをしっかり計画的に考えていけば、この先の人生を大きく変えられるんだ!」

それからは「能力を高めるため」のヒントを求めて、1カ月に4~5冊のペースでひたすら本を読み続けました。

そして、本を読めば読むほどそれまでの自分が、お金のことも、経営のことも、ほとんど何もわかっていなかったのだということを痛感し、その危機感が勉強へのモチベーションを掻き立てたのです。

本からの学びを実践し続けたことで、その成果は会社の業績にも少しずつあらわれ始めました。

そのことも自信となって、この先またリーマンショックのようなことが起こったとしても、今度はうまく対応できるのではないかと考えるようになっていた私は、別の種類の、さらに大きな試練に翻弄されます。

まず一つが２０１１年の３月11日に起きた東日本大震災です。

世の中が大きな不安に包まれたことでそこからしばらくは不動産が全く売れない時期が続き、ようやく動き始めるかなと思った時には、被災地復興事業の影響で関東地方は軒並みどこも職人不足、建材不足という状況となり、家が欲しいと言われてもご紹介できる肝心の物件がない、という事態になってしまったのです。

関東で不動産業を営む者にとって、これは非常に深刻だったのですが、そこにトドメを刺すような別の事件が起こります。

兄貴分と慕っていたある人の会社が倒産してしまい、**連帯保証人になっていた私に５３００万円もの債務がのしかかってきた**のです。

その清算のためには、妻と、その後生まれた三男も含め、４人の子どもと一緒に暮らしていた自宅を売るしか方法はありませんでした。

申し訳ない気持ちでそれを妻に切り出したところ、思いがけず、彼女はニコッと笑ってこんなふうに言ったのです。

「別にいいじゃない。もともとパパも私も何にも持ってなかったんだから。家族が一緒にいられれば、私はそれだけで十分だし、アパート暮らしでも全然構わないわよ。むしろ、アパートって住んだことないから一度住んでみたかったのよ！」

それを聞いた時、涙が出るほど嬉しかったのと同時に、もう二度と愛する妻にこんなことを言わせるものかと強く決心しました。

そしてこのような最悪の事態に陥ったのも、まだまだ勉強が足りないせいだと自分に言い聞かせ、まさに死ぬ気になってお金や経営について勉強するようになったのです。

絶好調の仕事の裏にあった最悪の人間関係

必死の努力が実を結び、再び会社を蘇らせることができた私は、最初は**払えるはずがないと思っていた借金も7年ほどで完済**しました。

ただし、それができたのは、自分の時間のすべてを仕事に捧げ、身を粉にして働いた結果です。休みもほとんどなく、家族との時間もほとんど取ることができませんでした。

それだけが原因ではありませんが、妻とは喧嘩ばかりして、正直なことを言うと離婚の危機が何回もありました。その時離婚せずに済んだのは、ずっと妻が耐えてくれたからです。

家族のためにもう少し時間を作って欲しいと望む妻に対して、

「社長なんだから、忙しいのは当たり前だ！」

「こんなに稼いでやってるのに、いったい何が不満なんだ！」

と声を荒らげたことも1度や2度ではありません。

働けば働くほど会社の業績は上がり、社長である私の収入も増えましたが、逆に自分の時間はどんどん削られて、家族との時間も減る一方でした。

「家というものを通じて、人を幸せにしたい！」と外では言いながら、私自身の生活は幸せからはほど遠いものだったのです。

会社でも常にイライラして、今思うと本当に恥ずかしい話なのですが、自分の思いが伝わらないと部下にきつく当たったり、ひどい時には物を投げるみたいなこともやっていました。

そんな中でもお客様を幸せにするという思いだけはブレることはなかったので、お客様からの信頼は厚かったと自負していますが、それ以外の人間関係は、最悪だったかもしれません。

そんな状況の中、私は不惑と言われる40歳を迎えます。

でも実際には不惑どころか、頑張っているのに、自分自身は幸せを感じられず、心の中のモヤモヤはむしろ増すばかりでした。

そんな時にたまたま参加したのが、**今も私のメンターとして私を支えてくだ**

さっている、経営者でもあり、不動産投資家でもあり、トレーナーでもある高橋敏弘さんのセミナーです。

忙しいながら、本を読む習慣だけは続けていた私も、「成功の秘訣を教えます！」みたいなセミナーの類にはあまり興味がありませんでした。

自分は本で学ぶだけで十分成功できているし、そもそもセミナーなんて心が弱い人間が行くものだと、少し下に見ている部分があったのです。

それでも親しくしていた仲間に熱心に誘われたので、正直渋々参加したのが、高橋さんのセミナーだったのです。

「人間関係を最高にすることが人生の勝ち方だ」

会場についてからもなんとなく居心地の悪さを感じて、早々に帰りたくなっていたのですが、ステージに上がった高橋さんが最高の笑顔を浮かべながら、「家族は最高に仲良いし、社員との人間関係も最高で、私は今ものすごく幸せです」という話を始めた時、一気に心を掴まれました。

なぜなら当時の私は、「死ぬほど頑張っているのに、全く幸せが感じられない」という、それとは真逆の状況にあったからです。

そして、**「人間関係を最高にすることが人生の勝ち方だ」**という高橋さんの話は、今の自分に最も必要なことだと確信し、必死にメモをとり始めたのです。

そして、セミナー開始から約15分後のこんな話に、まるで雷が落ちたかのような大きな衝撃を受けました。

「『私は間違っているかもしれない』というひと言をつねに自分に言い聞かせるだけで、すべてのものの見え方が変わり、聞こえることも変わってくる」

なぜなら当時の私は、それをあからさまに口に出すことはなくても、「自分はいつも正しい」と信じていたからです。

会社でトラブルが起きれば「部下の経験やスキルが不足しているせい」とか「部下のミスのせい」だと思っていましたし、家庭の揉め事も「妻の理解がないせい」「子どもが言うことを聞かないせい」だと考えていました。

だから怒った時はだいたい「普通はこうするだろう」「こう考えるのが当然だ」のような言い方をしていたのです。

それは要するに、**私の考え方が「普通」で「当然」なのだという思い込みがあった**ということです。

「思い込み」というより、それはもう「思い上がり」ですよね。

そんなことにも当時の私は全く気づいていませんでした。

もちろん知識として足りない部分があるというのは感じることはあり、だから勉強はしていたのですが、「私は間違っているかもしれない」という発想を持つことは、おそらく一度もなかったと思います。

まさにそれが私の人間関係を最悪にした原因です。

だとしたら、**私自身の考え方を変えることで、人間関係は大きく変わるはず**です。

そして、自分だけでなく、家族も、社員も、当然その先にいるお客様もみんな幸せになれるとしたら、こんないいことはありません。

そこで私は、**自分自身の価値観をこの原理原則に沿った価値観に変える**ことをその場で決心しました。

「私は間違っているかもしれない」という言葉を忘れずに言い聞かせ、謙虚さを何より大事にする自分に変わろうと決めたのです。

原理原則の気づきで、人間関係が最高に

その日を境にガラリと変わった私に、家族も社員も最初は戸惑いを隠せませんでした。

「何かに洗脳されたのではないか？」と心配してくれた人もいるくらいです。

それはそうですよね。

あんなに怒ってばかりだった人間が、急に優しくなったのですから、それを疑っても不思議ではありません。

でも、決してそうではなく、あえて言うならば、**私は高橋さんに人生の原理**

原則に気づかせてもらっただけなのです。

人に優しくすれば自分も優しくしてもらえる、謙虚な姿勢で接すれば自分も助けてもらえる、というのは、特別なことではなく、至極当たり前のことなんですよね。

忙しい毎日の中で、私自身がそうであったように、多くの人はその当たり前に気づくことができませんが、それにきちんと気づきさえすれば、周りの人たちへの接し方も自然に変わってきます。そして、自分を支えてくれる周りの人たちに感謝できるようになると、最高の幸せを感じられるようになるのです。

実際、それ以来、私の人間関係は一気に好転しました。

あれからもう7年ほど経ちますが、その間妻と喧嘩をしたことは一度もないですし、社員を怒鳴ったこともありません。そもそも怒るようなことに出会わなくなったので、怒りたくても怒れないのです。

たとえカチンとくることがあっても、すぐに**「自分が間違っているのかもしれない」と言い聞かせると、一度温度がスッと下がる**のが自分でもわかります。

本当にこれだけで、人間関係はガラリと変わりますので、この本を読んでくださっている方も、ぜひ、これだけでも試してみてください。

今は23歳になった長男も、「昔のお父さんは自分の価値観を押し付けてくることがすごく多かった……」と言っています。「弟たちと僕とでは育て方が全然違う」とも言っていて、それは確かに申し訳なかったなと思います。

仕事に忙殺される「ドS」からの脱却

高橋さんが強調していたのは、**「バランス！　そして、ビジネスの成功よりもプライベートの成功が先だ」**ということでした。それはつまり、**ビジネスで成功したいのなら、それより前に一番身近な人を大切にして、人間関係を最高にしなければいけない**ということです。

その肝心な人間関係を最高にするために、自分には、謙虚になることの他にもやることがあるのではないか。

そう思った私は、高橋さんから6カ月間のコーチングを受けることにしました。

ところが、高橋さんは私に質問ばかりしてくるのです。

コーチングというものを理解していなかったこともあり、きっとすごいことを教えてくれるに違いないと期待していた私は、自分ばかりが話すという状況に最初は戸惑いました。

でも、話しているうちに、自然と答えが見えてきたのです。

私が心の奥底で求めていたのは、家族と仲良く一緒に過ごすこと、そして、社員に余裕を持って穏やかに接することでした。

じゃあ、そのために必要なのは何か。

それは**「自分の時間」**です。

でも、私には絶対に妥協できない、お客様を大事にしたい気持ちがあります。

「自分の時間」が取れなくなっていたのは、まさにそれが原因でした。

でも、お客様を大事にすることと、自分の時間の確保の両方ができれば、人間関係は最高になるし、ビジネスの成功もついてくる――。

　この答えを、高橋さんは私から引き出してくれました。

　つまり、この答えは全部私自身が出したものであって、それがコーチングの手法で整理されただけなのです。

　私が解決すべきテーマは、**お客様を大事にすることと、自分の時間を確保することを、いかにして両立させるか**ということになります。

　その話になった時、高橋さんがふいにこう言ったのです。

「もし、木口社長がもう一人いたらどうでしょうか？」

「どうでしょう？」って言われても、そんな話あるわけありませんよね。

　困惑する私に高橋さんは、

「本当にそうでしょうか？」

って真剣な顔をして聞いてきます。

「なぜって、だって僕は一人ですから……」

「でも、もう一人作れませんか？」

そこで、やっとピンときました。

私と同じ価値観で仕事をしてくれる人になら、私は安心して仕事を任せられるのではないか。

そうすれば、自分がやろうとすることを私一人でやる必要はなくなるから、私は自分の時間が取れるようになる。

そういう人が複数いれば、もっと多くのお客様を幸せにすることもできるし、最高じゃないか！

その時思い出したのが、第1章でもご紹介したあの「キャッシュフロークワドラント」でした。

私は経営者という肩書きは持っていても、仕組みというより、自分が実際に働くことで収入を得るタイプの経営者でした。

もちろん、会社を作った時から、数字的なノルマは課さず、どれだけお客様を喜ばせるかが大事だという方針での社員教育は行ってきましたが、私自身も一緒に働く、なんなら、一番大事な仕事は自分がやることが前提で、「自分をもう一人作る」ということなど、考えたことはありませんでした。

心のどこかで、お客さんを幸せにできるのは自分しかいないと思い込んでいて、何から何まで自分でやらなければ気が済まなかったのです。

これは、ＥＳＢＩで言えば、完全にＳ、つまり、自分自身が自分の雇い主である個人事業主です。しかも、仕事に忙殺される「ドＳ」です。時間がないのは当たり前だったのです。

お客様へのサービスの質は上昇し、家族も幸せに

高橋さんのコーチングで、私のＢ・Ｉへの学びはさらに深まりました。

そして今、ＣＦホームの「相続未来図」では、私と全く同じ「お客様にたくさん喜んでいただくことが、最高の成果である」という価値観で全員が仕事をしてくれています。

その中でもトップ２人の若い発想は新鮮で、私にはないアイデアを提案して

くれるので、私が一人で頑張っていたときよりも、サービスの質は格段に上がっていると思います。

つまり、**「お客様を大事にする」という私の信条は、優秀なスタッフがちゃんと実現してくれている**のです。

だから私は安心して、自分の軸足をB、つまり「自分のビジネスをもつ経営者」のほうに移すことができるようになりました。

そのおかげで**自分の時間を増やすことができ、家族との時間をたっぷり楽しめるようになった**のです。

毎朝4時に起きて1時間本を読んで勉強したあとは、5時半から子どもの野球の朝練に付き合います。

7時に家に戻って、家族揃って朝食を食べ、それから会社に向かいます。

そして、夕方5時には帰宅して、その後は家族と過ごす時間です。

また週に1回は妻と飲みに行き、週に1回は必ずデートをします。

家族はいつも笑っていて、本当に幸せな時間を過ごせていると胸を張って言えます。

さらに、収入の大半はBとIから得ているので、お金のことは一切気にせず、大好きなSの仕事をすることもできます。

こんな日が来るなんて、10年前は考えもしませんでした。

仕組み化、お金を残すこと、増やすことが完璧なB・I側の成功者

また、時間的な余裕を得た私は、キャッシュフロークワドラントにおけるI、つまり**「投資することでお金を働かせる投資家」**としての道も歩み始めました。

Bとして、そしてIとして、真の意味で成功するには、果たして何が必要なのかを私なりにいろいろと勉強しましたが、納得感と満足感が最も高いアドバイスをくれるのは、いつも間違いなくB・Iの立場にいる人たちでした。

E・S側には、稼ぐことは得意でも、残すこと、増やすことはなかなかできない人たちがたくさんいますが、B・I側で成功している人たちは、仕組み化、

お金を残すこと、増やすことが完璧なのです。

第1章で、B・Iの立場における本当の「最善」を知っているのは、同じB・I側にいる人たちだという話をしたのは、まさにこの時の私の経験から得た実感です。

E・S側からB・I側にクワドラントを変える上では、**お金に対するマインドセットだけでなく、大きなパラダイムシフト=価値観の変更も必要**です。

特に重要なのは、**「借り入れ」に対する考え方**です。

元々は超がつくほどの安定志向で、しかも、過去の苦い経験から、私にとって借り入れ=借金=リスクというネガティブなイメージしかありませんでした。

ところが、B・Iとして成功している人というのは例外なく、**借り入れをポジティブに考え、借り入れ=チャンスを広げるもの**だと考えます。

実は、Iとしての第一歩を踏み出すにあたり、私は投資用の区分マンションを1800万円で購入しました。

これくらいなら借り入れは少なくて済むので、リスクも少ないと思ったからです。

でも、それは、当時の私がＥ・Ｓ側のパラダイムを引きずっていたことの何よりの証拠です。そして、**このような小さなやり方は、むしろリスクでしかない**ことを教えてくれたのもやはり、ＢやＩを徹底している人たちでした。

不動産投資で成功するためのセオリーとは？

例えば、区分マンションは1戸しかないので、そこが空室になると、家賃収入は一気にゼロになります。

これだと、ローンは返せないので、その瞬間赤字です。

これがリスクでないとしたら、いったいなんなのでしょうか？

それでは、４戸あるアパートを経営すればどうかと言えば、確かに区分マンションよりは多少マシかもしれませんが、それでも1部屋空室が出ると空室率は25パーセントにもなってしまいます。

これは収入が25パーセント減るということなので、安定的だとはとても言えません。

では、20戸あるマンションを1棟丸ごと買った場合はどうでしょうか？

一戸空室になったとしても、全体で見れば空室率はたったの5パーセントです。ローンの組み方にもよりますが、きちんと考えて組んでいれば、それは大きなダメージにはならないはずです。

つまり、**不動産というのは、大きくやればやるほど安定する**のです。

もちろん1棟型に投資するには、億単位のお金が必要です。当然、借り入れ額はかなり大きくなるでしょう。

でも、**その壁を乗り越えてこそ、むしろ安定は手に入る**のです。

私も最初は億単位の「借金」なんて絶対無理だと思っていましたし、そんなリスクは取れないと考えていました。

でも、勉強すればするほど、また、成功している人の話を聞けば聞くほど、**不動産は大きくやるほうが安定して利益が出やすい**ことに気づいたのです。

借り入れの額自体は大きくても、「仕組み」さえきちんと整えれば勝手に回っていきます。**リスクを減らすために大事なのは、いかに借金を抑えるかではなく、いかに上手く回る仕組みを構築できるか**なのです。

「相続未来図」で「夢を叶える相続」が実現する理由

こうやって振り返ってみると自分でも波瀾万丈だったなあと思いますが、でも、このような経験を経て、E・S側からお客様と同じB・I側に軸足を移した私だからこそ、お客様に伝えられること、お客様のためにできることはたくさんあると思っています。

地主さんや、賃貸オーナーさんであっても、かつての私と同じようにE・S側から立ち位置をなかなか移せなかったり、そちらのパラダイムからどうしても抜け出せない方もいらっしゃるでしょう。

そういう方もまずは、ロバート・キヨサキさんの『金持ち父さん 貧乏父さん』

および『金持ち父さんのキャッシュフロー・クワドラント』をぜひ読んでみてください。目から鱗が落ちるような新しい価値観に出会えるに違いありません。

もちろん、私自身も同じ経験をしてきましたから、そこから抜け出す難しさや怖さも理解できます。だからこそご相談いただければ、発想を転換するために何が必要なのかを一緒に考えることもできます。

また、実際に自分がやってきたぶん、まず何から始めればいいかとか、どういった方法が結果が出やすいかといった具体的なやり方も自信を持ってお伝えできます。

そして私自身も自分の幸せを整えることができたからこそ、その先に見える景色の素晴らしさも共感できます。そういう意味では、**お客様というよりも、同じB・I側の仲間になっていただきたい**というほうが近いのかもしれません。

そして、まさにそれが、CFホームの「相続未来図」独自のコンセプトであり、大きな強みでもあるのです。

第3章

「相続未来図」という設計図の描き方

お客様の願望を引き出すコーチング

私や、私と価値観を共有する「相続未来図」のスタッフは、多くの時間をかけて、お客様とたくさん話をすることを大事にしています。

なぜなら、その**お客様が何を大切にしたいか、というとても大切な答えはお客様自身にしかわからない**からです。

それを知らずに、あれがいい、これがいいと提案しても、お客様にとって決していい結果にはならないでしょう。

もちろん、最初から自分の希望を上手に言葉にできる人など滅多にいません。いろんな事情や気持ちがごちゃごちゃになっていて、自分が何を求めているのかが自分でもよくわからなくなっている、という方がほとんどです。

だから私は、コーチングの手法を学びました。

私自身が心の奥底で求めていたことを引き出してもらった、あのコーチングです。

ところで、皆さんは自問自答、つまり、自分自身との会話を、１日に何回くらいしていると思いますか？

些細なものからそれなりに重大なものまでそのレベルはさまざまではありますが、すべて含めるとなんと６万回です。**人というのは、１日に６万回も自分に何らかの問いかけをしている**のです。

ただ、自分の思いのままに生きるには、私たちはあまりにもいろんなことを抱えすぎています。

だから、自分の本音を打ち消してしまう質問ばかりを自分に投げかけてしまうのです。

常識（もっともそのほとんどは思い込みだったりするのですが）に囚われたり、周りの人に気を遣ったり、逆に自分がどう見られるのかを気にしすぎたりするあまり、**知らず知らずのうちに自分の本当の気持ちにブレーキをかけ、その結果、いつの間にか、本音そのものを見失ってしまう**方も珍しくありません。

例えば、心の奥底では「忙しい毎日から解放されたい」と考えていたとしても、

「今、仕事を離れたら、どれだけの人に迷惑がかかる?」

「きっと影響は計り知れないよな」

「そういう状況になったら、みんなはどう思うだろうか?」

「最低の人だと思うに違いない」

「そもそも、お金だってなくなるよね?」

「仕事を離れるんだから、そんなの当たり前だ」

というような自問自答を繰り返していると、「忙しい毎日から解放されたい」という欲求にいつしか蓋をするようになってしまうでしょう。


その結果、まるで最初からなかったかのように、自分でも気づくことができなくなるのは仕方のないことかもしれません。

ですから、コーチングではまず、すべてのしがらみを取り除くような質問を投げかけます。

例えばそれは、

「家族のことも、会社のことも、お金のことも、一旦脇に置いておくとしたら、

あなたは何がしたいですか？」

といった質問です。

　こうして文章にするとありふれた質問だと感じるかもしれませんが、実際にこういう質問を自分自身に投げかけることはほとんどないと思います。

　ご自身を振り返ってみても、この問いかけを自分にしたことがあるという方はきっと少ないのではないでしょうか。

　そのような、自分では絶対しないような問いかけを重ねて余計なしがらみを取り除き、その人が本当にやりたいこと、望むものを、引き出していくのが、まさにコーチングの手法です。

　所有する不動産を今後どう管理・運用していくかとか、将来の相続対策などについて、ご相談に来てくださった方の中にも、「この先何をしていいのかわからない」とおっしゃる方はたくさんいて、「だからすべてお任せします」という方も少なくありません。

　そこで、「かしこまりました！　お任せください」と、お答えするのは簡単です。

そもそもすべてを任せていただくスタイルというのは、ご提案する立場からするとものすごく楽なのです。だからそう言っていただくと、こちらとしては願ったりかなったりだと喜ぶ不動産業者のほうが多いのかもしれません。

でも、それではお客様を本当に幸せにすることはできないというのが私の考えです。

だから「かしこまりました」と言う代わりに、

「何をするかは一旦おいておいて、まずはお客様がこの先の人生でやりたいことを一緒に考えていきましょう」

というふうにお伝えします。

多くの方は、目の前のことに必死になっているので、人生のゴールみたいなことは普段あまり考えないでしょう。

だから最初は、

「やりたいことと言われても、特には思い浮かばないですけど……」

と皆さん戸惑うのですが、

「じゃあ、家族のことも、会社のことも、お金のことも、時間のことも、全部忘れて、とにかく好きなことができるとしたら、残りの人生をどういうふうに過ごしたいですか？」

というような質問を繰り返していると、意外にあれこれ出てきて、

「そうか、自分はこんなことを考えていたのか！」

と、驚かれる方がたくさんいらっしゃいます。

さらに、

「例えば、あなたが亡きあと、お子さんやお孫さんにはどういう人生を歩んでもらいたいですか？」

というお話を続けていると、**理想とする「相続の形」**も見えてきます。

そうやって自分が本当に求めていることに気づき始めると、その方の表情がパッと明るくなるのです。そして最終的には、「こうしたい」「ああしたい」というご希望が、お客様のほうから必ず出てくるのです。

その段階になって初めて私たちは「ではその方向で進めますね」というお返事ができます。お客様自身が真に望んでいることをきちんと理解してこそ、その実現を全力でお手伝いすることができますし、ひいてはそれが**お客様の心の豊さや幸せにつながる**のだと私は考えているのです。

だから私たちは徹底的に時間をかけてヒアリングを行います。お客様の本当の気持ちを確信できないうちから、「こうしましょう、ああしましょう」と提案したことは、少なくともこの5年間のうちでは1度もありません。

コーチングというと、都合良くある方向に誘導されるのではないかなどと誤解をする方が時々いらっしゃるのですが、決してそうではありません。**どんな答えが出たとしても、それはもともとお客様自身の中にあったもの**なのです。

思考が変わると夢が実現しやすくなる

コーチングには、心の中にある答えを引き出すこと以外にも、思考を前向きにするという効果もあります。

コーチングを受けると、夢が実現するなどとよく言われますが、コーチングそのもので夢が実現するというわけではありません。

コーチングによって思考が変わり、それに向けて自ら行動を起こせるようになるからこそ、夢が実現しやすくなるのです。

人間の意思は基本的には弱いので、本当はそれをやりたい、やる必要があると思っていたとしても、それが大変そうなことであったり、あまりやったことがないことであったり、やれるかどうか不安なことであったりすると、どうしても「やれない言い訳するための質問」を自分に投げかけてしまいます。

そうすると、当たり前ですが、「やれない」「やらない」という結論しか出てきません。だから、やりたいことを実現させることができないのです。

例えば、本当は痩せたいと思っているのに、

「痩せたいと言ったって、運動する時間はある？」

「いや、そんな時間はないな」

「お客様との食事会の約束をキャンセルできる？」

「大事なお客様だからそんなことできるはずない」

「なんでも三日坊主で終わっているのに、ダイエットを続けられる？」

「ああ、絶対無理無理」

こんなやりとりを続けていれば、本音とは真逆の結論が出てしまうのは仕方がないことです。

でも、私がそういう方のコーチングをするなら、たぶん、こういう質問を投げかけます。

「痩せるために運動するとしたら、1日のうちのどこなら時間が作れそうですか？」

「お客様との食事会で食べすぎないようにするには、どういう店を選べばいい

でしょうか？」

「三日坊主で終わらせないために、どういう工夫をすればいいと思いますか？」

実際には、もっと順序立てて細かい質問を重ねていくと思うのですが、いずれにしてもこれらの質問はすべて、ダイエットを成功させるための質問です。

そういう質問に答えていくうちに、その人の思考が「ダイエットをしたい」から「ダイエットをするんだ！」という決意に変わっていきます。

そのように思考が変化すれば、あとは実行すれば良いだけですから、実現できる可能性が高くなります。

しかもそこに無理強いは、一切ありません。

「夢を叶える」ためには、それに向かっての決断や行動を起こすことが必要です。その**エンジンとなるのが、まさに思考の変化**なのです。

ありがたいことに、「木口さんと話していると、なんだか元気になる」と言っていただくことがとても多いのですが、もしそうであるならば、コーチングを多少なりとも意識した私との会話の中で、皆さんの思考が前向きに変化している証拠なのかもしれません。

「仕組み」を整え、キャッシュフローの問題を解消する

繰り返しになりますが、キャッシュフロークワドラントでB・I側に立てば、「労働」ではなく「仕組み」がお金を生み出してくれるようになります。

そして、ここで生み出されるのはお金だけではありません。

仕組みが整うほど、つまり、B・I側に軸足を移せば移すほど、より多くの「自由になる時間」が持てるようになります。

それは、B・I側に立つことの大きなメリットの一つですが、私自身の経験からすると、このメリットが一番大きいように思います。

逆に言うと、自由な時間が持てないというのは、仕組みだけではお金が生み出せていないことの証です。

もしも、あなたが地主さんや賃貸オーナーさんであるにもかかわらず、いつ

も忙しいのが悩みなのだとしたら、それは「仕組み」に何らかの問題があると考えるべきでしょう。

あなたがいつも忙しいのは、管理物件の掃除に自ら出向いたり、入居者からの苦情とか修理・補修の依頼にすべて自分で対応したりしているせいではありませんか？

自分がやらなければと思っているかもしれませんが、そういう仕事はあなた以外にもできる人がいるはずです。

つまりすべてを外注化して、別の誰かにやってもらえば、それと引き換えに自由な時間が手に入るのです。

外注しようと思えばできるけれど、単純にそういう仕事が好きだからやっているという場合は別ですが、外注できるだけの金銭的な余裕がないから仕方なくやっているという状況は、要するにキャッシュフローに問題が生じているということを意味します。

そのまま大変な思いをし続けていると、いざ、相続が発生した時に、もっと大変なことになる危険性はとても高いでしょう。

だから**「忙しい」が口癖の、地主さんや賃貸オーナーさんには一刻も早く「仕組み」を整えていく**ことを私は強くお勧めしたいのです。

「正しい攻略法」で整えた仕組みだから成功する

不動産という資産から収益を得るための仕組みを整えようとする場合、必要なこととはなんだと思いますか？

それは、**「正しい攻略法を知る」**ことです。

例えば「スーパーマリオ」ゲームなども、自分の能力だけで勝とうとするのはとても大変なことです。

でも、何らかの形で「正しい攻略法」を知ることさえできれば、確実に勝つことができますよね。

不動産を通じた資産運用もそれと同じです。

失敗するのは、「正しい攻略法」を知らないとか、攻略法が間違っているからであって、「正しい攻略法」を知っていれば失敗する確率は下がります。

じゃあ、正しい攻略法をどうやって知ればいいのでしょうか？

もちろん、それを勉強する方法はいろいろあります。

書店に行けばその手の本がたくさん並んでいますから、それを片っ端から読んでみるのも良いでしょう。

また、不動産会社や金融機関なども、その類いのセミナーを無料で開催していますから、そのような機会を利用して参加するのも一つの手かもしれません。

でも、最も手っ取り早くて、しかも確実なのは、**その人自身もB・I側にいて、かつ、正しい攻略法で実際に勝っている人から、具体的なやり方を教えてもらう**ことです。

良好なキャッシュフローの構築でしっかりとそこから収入を得ている人なら、キャッシュフローの問題をすぐさま見抜くことができます。

例えば、融資期間を延ばしてもらうとか、金利を下げてもらうといった交渉を銀行にお願いするといった改善方法もアドバイスしてくれるでしょう。

もちろんそれだけでうまくいくケースもありますが、B・I側にいる人はもっと長期的で収益性を重視した見方をします。

だから、将来的に見ても物件自体の収益性があまり高くないと判断できる場合には、別の物件と「入れ替える」ことも前向きに考えられるのです。

資産運用の「仕組み」を整えるというのは、このような長期的、かつ、客観的な判断をすることだと言えるのかもしれません。

収益物件の絶対条件は長期ローンが組めること

不動産というのはレバレッジが効きますので、所有する不動産や購入予定の収益物件そのものを担保にローンを組めば、1棟マンションのような規模の大きい収益物件を購入することが可能です。

逆に言うと、手元に残るキャッシュを増やすとか、キャッシュフローを安定させるという意味では、**うまくレバレッジを効かせて「大きく」やるのは一つのセオリー**であることは間違いありません。

（ただし、どれくらい「大きく」やるのか、どれくらい「借り入れる」のかは、相続税の圧縮など、別の要素を含めた総合的な判断が必要ですので、その点は注意してください）

ではここからは、私自身が実践している収益物件の「攻略法」を、実例を通してお話ししましょう。

もちろん、例外もありますし、この「攻略法」だけが正しいと言うわけではありませんが、結果が出やすい基本的なパターンとして理解していただければと思います。

投資用の物件を探す場合、「いい物件があったら考える」みたいなぼんやりした姿勢でいる方がとても多いのですが、**自分にとってどういう物件が「いい物件」なのかを明確にする**ことは、本当の意味で「いい物件」に、早く、確実に出会うためには絶対に必要です。

投資用に1棟マンションを買うことを決めた私が出した条件は主に以下の4つです。

1、ターミナル駅から2駅以内
2、駅からは徒歩5分以内
3、RC造
4、築浅

これらの条件がなぜ、大事なのかを順に説明しておきましょう。

1と2は比較的わかりやすいと思うのですが、利便性の高い物件というのは、やはり人気が高いので、これは何より空室のリスクをできるだけなくすための条件だと言えます。

また3や4は、人気物件にするための条件としてのみならず、融資を受ける際にも大きな意味を持ちます。

建物が本来の機能を持ち続けられる年数、つまり、資産として使える年数のことを「耐用年数」と言いますが、銀行はその期間に応じて融資期間を決めることになっています。

木造アパートの場合、耐用年数は22年ですが、ＲＣ造だと倍以上の47年もあります。もうこの時点でＲＣ造一択だということがわかりますよね。

また、実際にローンを組む時は、そこから築年数分を差し引いた年数が耐用年数とされますから、ＲＣ造でかつ築年数はできるだけ浅い物件というのが、長期にローンを組むためにとても大事な条件になるのです。

なぜここまで長期のローンにこだわるのかというと、**キャッシュフローを整えること、つまり、年間の「手残り」＝収益の確保を重視する**のが私のやり方だからです。

「手残り」を確保するには、収入をできるだけ増やし、支出を極力減らさなければなりません。

収益型不動産の場合の収入とはもちろん家賃収入のことですが、必要以上に高い家賃は空室のリスクにつながりますから、そこには当然限界があります。

だからこそ、毎月の返済額をできるだけ低く抑えたいわけです。

例えば、家賃収入が年間で1000万円見込める場合、ほとんどの人は年間800万円くらいを返済に当てて、ローンを早めに完済しようと考えるかもしれません。

できるだけ早く返してしまうほうが安心、というのは借金というものに対するネガティブなイメージが拭えないからこその発想なのですが、でも、実はこれこそが失敗の原因なのです。

家賃収入が年間で1000万円見込めるような物件は、その2割くらい、つまり200万円くらいが年間の諸経費として消えていきます。

そんな状況なのに800万円も返済しなければならないとすると、諸経費の200万円を加えれば、ここで収支はすでにトントンです。

多少なりとも収支をプラスにしようと思えば、管理費用を抑える必要が出てきますから、オーナー自身が掃除をしたり、入居者対応をしたりすることで、経費を抑えなくてはならなくなります。

大きな投資をした結果が、「忙しくて時間のないオーナー」というのでは、B・I側に立つメリットをまるで活かすことができません。

しかしそれより大きな問題は、一時的であれ空室が出てしまうと、もうそれだけで赤字になってしまうことです。

空室はたった1戸だとしてもその状態が続けば、常に赤字ですから、苦しい状況を強いられます。

これだと、いったい何のための投資なのかわからなくなってしまいますよね。

それでも、ローンの返済はできているし、その支払いが終わるまでの辛抱だと考えるかもしれませんが、ずっと赤字のまま持ち堪えられるはずはありません。

だから、手残りがほとんどゼロのまま、やむなく手放す羽目になる可能性が非常に高いのです。

では、１０００万円の家賃収入に対して、返済はその5割くらいに抑えられるような長期ローンを組んだ場合はどうでしょうか？

2割の諸経費を差し引いても、残りの3割、つまり300万円は残ります。家賃収入だけでローン返済ができるのみならず、何もしなくても年間300万円もの利益をも手にすることができるのです。

300万円の手残り分が確保できていれば、仮に1戸が空室のままでも大きなダメージにはならないでしょう。

もちろん半数が空室になるような場合は、5割の返済でも余裕はもてないでしょうが、そういう物件は物件自体に問題があると言わざるを得ません。少なくとも、前出の1と2、そして3、4を満たすような物件をきちんと選べば、そういうリスクに陥ることはまずないと断言できます。

労働ゼロ&仕組みだけで年間360万円の利益

さて、2017年の9月に私が実際に購入した神奈川県横浜市にある1棟マンションの具体的なデータは以下のとおりです。

・ＪＲ線の戸塚駅から徒歩２分
・ＲＣ造の５階建マンション
・１Ｋの間取り×13戸の女性専用マンション
・築年数７年

まさに考えていた条件にぴったりなのがおわかりいただけるでしょうか。

戸塚という駅まで最初から限定していたわけではないのですが、この駅のマンションが候補に上がった時、これは絶対に間違いないな、と思いました。

なぜなら戸塚には某薬科大学があるからです。

薬科大学は６年制なので、同じ人が同じ部屋に６年間住み続けてくれる可能性はとても高いでしょう。

また、薬科大学には圧倒的に女子学生が多く、学費も決して安くないので、裕福なご家庭のお嬢さんが多いことも予想されます。だとすれば、多少割高でも「安心」を買いたいという発想になるでしょうから、女性専用のマンションというのは大きな強みになるはずです。

実際、買った時点でも、空室はゼロで、この先も多くの空室が出るとは思えない、まさに大当たりの物件だったのです。

物件価格は2億1600万円で、この物件自体を担保としてローン2億円の融資を受け、最長の35年ローンを組みました。

購入する物件自体を担保として借り入れる場合には、その担保力が鍵になります。だから、そういう意味でも、「収益物件としてのクオリティの高さ」はしっかり吟味しなければならないのです。また、そのような担保力の高い物件を選べば、ご自身が所有している不動産を担保にする必要もなくなります。

そして、戸塚のマンションのキャッシュフローがどうだったかと言えば、家賃収入が年間で1200万円入ってくるのに対して、返済額は600万円。諸経費が240万で空室はゼロでしたので、毎年360万円の手残りがありました。

このような極めて健全なキャッシュフローでしたので、当たり前ですが、返済に困ったことは一度もありません。

また、掃除や入居者の対応は管理会社に全て委託したので、購入した時以来、この物件に足を運んだのはせいぜい1度か2度程度でした。購入してから3年後にふと思い立って見に行こうと思ったのですが、すぐには辿り着けなかったくらいです。

つまり、**私は一切「労働」はしておらず、ここでのすべての収入は「仕組み」から得たもの**なのです。

インカムゲインとキャピタルゲインのいいとこ取り

「いくら金利が低いとはいえ長期でローンを組めば、そのぶん利息もかさむし、やっぱりできるだけ早く返済するほうが、トータルの支払額を減らせて結果的に得なのではないか」という疑問をもった方がいらっしゃるかもしれません。

もちろん、ご自身が住む家を買うという場合なら、そういう考え方は確かにあります。

でも、**「長期的に見て利息がかさむ」ことを気にする必要がないのが私の不動産投資の攻略法**です。要するに、「長期的にローンを払い続けること」つまり「同じ物件を長期的に持つこと」は、最初から考えていないのです。

ここまで話してきたように、私の戦略というのは、できるだけ長期ローンを組んで支出を抑え、余裕あるキャッシュフローで確実に利益を得ることを軸にしています。つまり基本的にはいわゆる**「インカムゲイン」が目的**なのです。

インカムゲインのメリットはなんと言ってもその安定性です。

少なくとも、先ほど話したような、空室が出にくい物件を慎重に選んだ上で、ローンの支払い額を収入の5割程度に抑えるようなやり方をすれば、赤字になることはまずありません。特にこれだけ低金利の時代においては、ローンの金利よりも投資した金額に対する利回りのほうが圧倒的に高いので、インカムゲインを軸にした仕組みを構築すれば、ローンが払いきれなくなるなんてことは起こりません。

不動産投資にはこれ以外にも、購入時よりも高値で売却することで利益を得るキャピタルゲインというものがあり、上手くいけばインカムゲインより大きな利益が見込めます。

ただし、購入時よりも高値で売れることは決して保証されているわけではなく、思いがけず暴落する危険性もはらんでいます。つまり、ハイリスクハイリターンのバクチ的な要素があるので、「大事な資産を守る」という意味で、こちらを軸にするのは、あまり得策だとは言えません。

ただ、「インカムゲインで十分な収益を得たうえで、高い価値があるうちに売る」というやり方なら、話は別です。

ここで言う「高い価値」というのは、もちろん「収益物件としての価値が高い」ということを指します。

私が考えるその条件は、

1、ターミナル駅から2駅以内

2、駅からは徒歩5分以内

3、RC造

4、築浅

であることはすでにお話ししましたが、このような物件を選んでいれば、1から3は時間が経っても変化することはありません。物件自体は変わらないのですから、急に駅から遠くなったり、RC造が木造になったりすることはありえませんよね。

問題は4の条件ですが、「高い価値があるうち」というのが、どれくらいの築年数までを指すのかというと、耐用年数からそれを引いても35年以上残る年数です。

私が戸塚の物件を買った時点での築年数は7年でした。だから、47－7＝40となり、35年ローンが余裕で組めたわけです。

次に買う人も投資目的なら、私と同じように長期ローンを組みたいはずなので、47から築年数を引いた数字が35以上か、それに近い数字になっているかどうかを、必ずチェックするでしょう。その答えは12年ですから、築12年までが

「高い価値があるうち」ということになります。

空室を極力出さないことや家賃をむやみに下げないこと、また、建物の維持管理にはきちんとお金をかけることは大前提ですが、それらがきちんと守られていると仮定すれば、築7年で買った物件が築12年になるまでは、収益物件としての価値がいきなり下がるリスクはほとんどありません。

もちろん、エリアによっては、その後も価値が上がり続ける物件もありますが、それが明らかである場合以外は、価値が維持されているうちに売るほうが良いというのが私の考えです。

だから戸塚のマンションも市場の動きを見ながら売り時を計っていたのですが、２０２１年頃から進み始めたインフレは不動産が高くなることが予測できたので、２０２２年11月から売りに出しました。

インフレになるとインフレに強い不動産の需要が高まるので、より高く売れるだろうと踏んだのです。

そして、２０２３年１月には売却が成立しました。

売却額は2億5800万円。

買った時の価格は、2億1600万円でしたから、なんと4200万円も値上がりしたのです。

ちなみに家賃収入は年間1200万円×5年間で、合計6000万円です。

ローンの残債は1億8000万円ほどでしたので、結局、私の手元には約7800万円のキャッシュが戻ってくることになり、現在は次の投資物件を探しているところです。

収益物件を持ち続けることはリスクでしかない

どれだけ**理想的な物件だとしても、築年数が浅いうちに売却するほうが良い**理由は実は他にもあります。

なぜなら、築10年を超えるあたりから、経年劣化で設備が壊れやすくなるとか、空室が増え始めるといった問題が起こりやすくなり、キャッシュフローが一気に悪化し始める可能性がとても高いからです。

それらの問題をなんとか乗り越えたとしても、そのまま所有し続ければ、マンション全体の大規模修繕が必要な時期が必ずやってきます。

私が所有していた戸塚のマンションも将来的に大規模修繕することになれば、きっと数千万レベルのお金が必要になるでしょう。時間が経てば物価も上がりますから、それまで得た収益が全て吹き飛んでしまうことにもなりかねません。

不動産は一生もの、みたいに思っている人がいるかもしれませんが、少なくとも収益物件に限って言えば、**所有し続けることにあまり意味はなく、むしろ長期に持ち続けるほど、リスクは高まっていく**のです。

だからこそ、**「たくさんお金がかかったもの（良質の物件）をできるだけ安く購入して、お金がかかる直前で売却し、別の物件に入れ替えていく」**というのが不動産投資の一つのセオリーだと言えます。

そういう意味で言うと、キャピタルゲインには過剰に固執しないほうがいいかもしれません。

変に欲張って売り時を逃してしまうと、キャッシュフローが悪化してインカムゲインが取れなくなることにもなりかねませんから、最終的に虻蜂取らずの状況になってしまう危険があるからです。

だから基本的には**長期で持たず、売るべきタイミングでうまく値上がりしていればラッキー**くらいの感覚でいるほうが、結果的にはうまくいくと私は考えています。

また、少し補足させていただきたいのが「できるだけ安く購入する」という部分です。

よく言われるように、不動産に「掘り出し物」は存在しないというのは、基本的には事実なので、「良いものを正当な価格で購入し、より高い値段で売却する」のが大前提だと私も思っています。

ただその一方で、売主さんの事情で一刻も早く売りたいという物件は一定数あり、そのような場合は、交渉次第で相場よりかなり安く購入できるケースもあることは申し伝えておきます。

いずれにしても、その価格が正当なのか、不当に高いのか、疑わしい安さなのかは、慎重な判断が必要であることはぜひ覚えておいてください。

また、不動産というのは唯一無二の存在で、そのポテンシャル（有望さ）もさまざまであることも忘れてはいけません。

年数が経っても家賃を上げられるようなエリアの物件や大規模修繕にさほど費用がかからない物件などは、物件の収益性が長く保たれますので、早めの売却にこだわる必要はありません。また、木造の築22年以上の不動産は、加速度償却による節税効果が狙えるので、あえて築古の物件を欲しがる人もいます。

だから、**すべての物件を早めに売却しろ、と言っているわけではない**ことはどうかご理解ください。

入れ替えを躊躇した結果、資産を失うことも

すでに所有されている不動産の場合も、そのまま大事に持ち続けることがリ

スクにつながるケースは多々あります。

まだ私がE・S側にいた15年ほど前、千葉県の50代の男性から、相続に関するご相談を受けたことがあります。

その方の高齢のお父様が、アパート5棟といくつかの駐車場を所有していて、いずれそれらを相続する予定のその男性が、今は全ての不動産の管理をしている、というお話でした。

借り入れは一切ないのでローンの返済もないとのことでしたが、キャッシュフローの診断をさせていただくと、驚いたことに手残りが、ほぼゼロなのです。

でも、理由はすぐにわかりました。

年間3000万円の家賃収入がある一方で、それと同じくらいの修繕費がかかっていたのです。

実は5棟の木造アパートはどれも築20年以上で、その古さゆえにすでにあちこちにガタがきていました。でも、管理しているその男性はアパートをとても大事にしていて、その修繕に惜しまずお金を使っていらっしゃったので、その費用が膨大になっていたのです。

そういう努力をしても、古くなっていくのは避けられないので、近年は「家賃をもっと下げてくれ」と度々交渉されるのだとか。でも、空室が出るのが怖いので、泣く泣く自分のほうが折れている、というのです。

このままいけば、キャッシュフローがより悪い状況になるのは避けられそうにありません。そちらのほうがむしろ問題だと私は思いましたが、その方はとにかく相続税のことばかりを気にしていらっしゃるのです。

キャッシュフローの改善を図るのはほぼ不可能だろうと考えた私は、

「この５棟のアパートの売却を考えたことはありますか？」

とその男性にお聞きしてみました。

ざっと計算してみたところ、相続税の総額は２億円ほどになりそうでしたが、アパートの売却費用と借り入れによって別の収益物件を購入してうまく運用すれば、相続税も余裕を持って払えるのではないか、と思ったからです。

ところがその男性は、全くその気はないと言います。

また、

「資産は十分あるのだから借金なんてもってのほかだ」

ともおっしゃっていました。

「ここまで赤字が出ている不動産をずっと持ち続けていらっしゃるのには何か理由があるのですか？」

とお聞きしてみると、男性はこう答えたのです。

「自分も別に仕事を持っているから生活には困っていないし、この土地は祖父が遺してくれたもので、アパートは父が建てたもの。だからそれを大事に維持していかなくてはいけないんだ。それに長く入居してくれている人たちのことを考えると、売ることなんか絶対にできないよ」

その頃の私はまだ、コーチングを学んでいなかったので、そのような言葉を本当の気持ちとしてそのまま受け取ったのですが、どちらにしてもその方が、とても真面目で、気持ちが優しい方であることは間違いないでしょう。

ただ、このままでは、相続税が発生した時に、大変な思いをされるのは火を見るより明らかです。

でも、それを指摘すると、

「2億円くらいなら駐車場をいくつか売れば大丈夫。祖父もいざとなったらそうしろと言い残して亡くなったので、そうします」

とおっしゃいます。

そして丁寧に御礼を述べられたあと、そのままお帰りになってしまいました。

次にいらっしゃったのは2年後お父様が亡くなられた時で、相続税を払うために駐車場を売りたいというご相談でした。

その駐車場は無事に売却されたので表面上はことなきを得て、その方も満足されていたのですが、今になって思えば、他にやれることがあったのかもしれません。

当時の私は、まだまだ勉強不足で、本心を引き出す力もなければ、論理的、数字的に説明する力にも欠けていて、感覚でしか話せなかった気がします。

今の知識があればその方の未来は大きく変わったのではないかと思うと、今でも申し訳ない気持ちでいっぱいになります。

「ほぼゼロ」だった手残りが「年間1650万円」に!

資産の一部、もしくは全部を手放して相続税を支払うという形の相続は、決して幸せな相続とは言えません。

それ以外に方法がないというケースも確かにあり、やむを得ずそうするということはありますが、少なくとも今の私なら、最初から積極的に候補にするのは避けたい手段です。

先ほどの千葉県の男性と同じようなケースでも、「夢を叶える相続」に向けて、うまく軌道修正できた方もいます。

それが愛知県に住む大塚忠信さん(仮名)です。

大塚さんは、大手ハウスメーカーに勤められており、ご自身が所有する愛知県岡崎市の郊外にある広い土地で3棟のアパート経営をなさっていました。

ただ、空室が目立つようになって困り果て、また相続税のことだけでなく、このような負の資産を子どもに遺すことを不安に思われて、当社に相談してくださったのです。

現地に出向いてみると、大塚さんの所有するアパートは、小さな最寄駅から徒歩15分。近くに大学などはなく、エリア的に恵まれているとは言えません。また、近くには新築のアパートがたくさん立ち並び、全て築10年という大塚さんの３軒のアパートはどうしても見劣りしてしまいます。

キャッシュフローを診断させていただくと、ここ数年は入居率が80％をずっと下回っていて、昨年の家賃収入は年間１５００万円。それとほぼ同じくらいのお金が、アパートの建築費のローンの返済と修繕費・清掃費などの経費で消えていて、手残りがほとんどない状態でした。

しかも経費をできるだけ安く抑えるために、大塚さん自らが、アパートの掃除や修理などに出向いているのだそうです。だからいつも忙しく、趣味のゴルフに行くのもままならないと嘆いていらっしゃいました。

オーナー自らが働いて収支がトントンということは、実質的には赤字だと言っていいでしょう。

大塚さんのご意向を伺うと、「とにかく手残りを増やしたい。時間が欲しい」とのことでした。

そこで、駐車場を含めた自宅以外の不動産を全て売却し、私がこれなら間違いないと太鼓判を押せる、別の２件の収益物件への資産の入れ替えをご提案したのです。

お持ちの不動産の売却額は２億円でしたが、購入していただいたのは、どちらも主要ターミナル駅の隣の駅から徒歩２分という駅近で、ＲＣ造の新築マンション。

価格は２棟合わせて10億円でしたので、物件そのものを担保に８億円の借入れをしていただきました。

８億円というのはかなりの大金なので、返済の原資を想定せずに無担保で借りることはあり得ませんが、確実に家賃収入が見込める物件をきちんと吟味し、長期ローンを組んでさらにきちんと仕組みを整えさえすれば、家賃収入だけで楽に返済できます。

借金に対するネガティブなイメージが強いと、借り入れをしないで済むのならそれに越したことはないと考えがちですが、**インフレが進んでいる時期はむしろ積極的に借り入れたほうがいい**というのが私の考えです。

なぜならインフレになるとお金の価値が下がるので、借り入れ金額の価値も下がるからです。その一方で不動産の価値も全体的には上がりますから、インフレが進む時期に不動産を買うのなら、キャッシュで買うより、むしろ借り入れで買うほうが得なのです。

大塚さんの場合も、年間の家賃収入が５５００万円、ローンの支払いは２７５０万円程度です。経費として年間１１００万円くらいかかるとしても、単純計算でも１６５０万円のキャッシュが手元に残る、というキャッシュフローを構築しました。

「８億円の借り入れ」に最初は少し懸念されていた大塚さんも、そのキャッシュフローを見て、「これはシンプルだけど、非常に現実的ですね」ととても安心されたようでした。

あれから３年経ちますが、この３年間１室も空室は出ておらず、大塚さんはすでに５０００万円近いキャッシュを手にしていらっしゃいます。

また、家賃収入を原資にローンもこの３年で８０００万円以上返済されていますから、例えばいますぐこの２棟のマンションが買った時と同じ値段で売却できたとすれば、支払い済みの８０００万円分もキャッシュとして戻ってくるということになります。

このように空室なく、家賃が回収できる物件をしっかりとした目利きで吟味すれば、**「仕組み」だけで借り入れが返済されて知らぬ間に残債が減り、売却のタイミングによっては大きなキャピタルゲインを手にする**可能性も高いのです。

また、余裕を持ったキャッシュフローのおかげで物件の管理も全て外注できた大塚さんは、時間を気にせず、趣味のゴルフを存分に楽しんでいらっしゃいます。

「稼働力」「収益力」「担保力」は絶対条件

私自身も収益マンションを全部で５棟所有していますが、全てが満室経営で、トラブルも一切ありません。

また、資産運用は家族全員が役員になっている資産管理法人名義で行っているので、所得税もうまくコントロールできています。

このようなお金や不動産に関する最新の知識を得るために私は日々勉強し、必要だと思った時には百万円以上かけてセミナーに通うこともあります。

でもそれは、自分がもっと稼ぎたいからではありません。

当社にご相談いただいたお客様を間違った方向に導きたくないからです。

そして物件を見る時の視点はいつも、私自身も欲しいと思えるかどうかです。

収益物件に関して言えば、

・**稼働力**
・**収益力**
・**担保力**

の３つが揃っていると思える物件にしか興味はありません。

どれだけピカピカでも、設備が充実していても、駅からものすごく遠くて、周りに何もない物件が満室になるとは思えません。当然利益も上がりませんし、そういう物件は担保力に欠けていると銀行は判断しますので、十分な借り入れもできないはずです。

だから、基本的にはこの３つが揃わない物件は絶対に選んではいけません（ただし、相続税圧縮効果を考える場合には、担保力の高さがむしろマイナスに働くケースもありますので、そのバランスをどう考えるかは必ず専門家のアドバイスを仰いでください）。

単純に建物として魅力的かどうかではなく、収益物件として魅力的かどうかで選ぶ、というのも、しっかり利益を出すための攻略法の一つなのです。

そうやって選んだ私自身も欲しいと思える物件だけをお客様に紹介する、自分自身も試してみてこれは間違いないと思った方法だけをお伝えする、というのが私の絶対に曲げられない信条です。

また、先ほども言ったように収益物件というのは買って終わりではありません。**望むゴールを手に入れるためには、不動産市場の動向を見ながらタイミング良く売却し、順次入れ替えるといった長期的な資産運用が必要**なのです。

私たちが、お客様と一生伴走する存在でありたい、と考えるのには、そういう理由もあるのです。

「幸せな相続」への資産形成／お客様の事例

CASE 1

1棟マンション×4で、毎年2000万円の利益と奥様と過ごすかけがえのない時間を手にした山下様

岐阜県に住む60代の整形外科医の山下克也様（仮名）は、不動産などを含め8億円ほどの資産をお持ちでした。

不動産はすべて自宅や病院として使われていたこともあり、相続税は4億円ほどが見込まれますが、経営されている病院の業績も良く、「安く抑えられるのならそれに越したことはない」と言いつつも、相続税の支払い自体には大きな不安を抱えていらっしゃる様子はありませんでした。

目下の悩みは、仕事があまりにも忙しいこと。

かなり規模の大きい整形外科を経営されていたので、病院の経営状態はもちろん、勤務医や看護師さんたちとの関係性やスタッフの教育、そして患者さんへのサービスのことなどでいつも頭がいっぱいで、心身をゆっくり休めるような余裕が全くないのだとおっしゃいます。

そんな山下様に、「キャッシュフロークワドラント」のお話をさせていただくと、27ページにも掲載した図４をしみじみと見ながら「わあ、私は完全にドSですねえ」と苦笑いしていらっしゃいました。

繰り返しますが**ＥＳＢＩは、どのステージがいいとか、悪いとかを判断するものではありません。**

大事なのは**今の自分がどこにいるのかを知り、その状態を自分がどう感じているのかを把握すること。**そしてその上で、これからの自分がどうしたいのか、どのステージに行きたいのかを考えることです。

「このまま同じステージにいたいのか」

それとも、

「別のステージに行きたいのか」

山下様に確認すると、「そりゃあ、行けるものならＢ・Ｉ側に行きたいよ。でも、それはやっぱり無理だよね。だって、基本的には仕事が好きだし、仕事しないと収入だって減るし、そもそもすぐにはやめられないもの」

けれども一方で山下様は、ドSだと自己判断した今の状態に、「すっかり疲れてしまった」と感じていらっしゃることがわかりました。

整形外科医という仕事には誇りとやりがいを感じているものの、院長という立場にいることで、患者さんたちや、病院のほかの先生たちやスタッフの皆さんに毎日気を遣わなくてはならず、それがかなりのストレスになっているというのです。

確かにお話をしていても、「患者さんが……」とか「うちのスタッフが……」という言葉を漏らされることが多く、良くも悪くも、頭の中は仕事のことでいっぱいであるのが手に取るようにわかりました。

そのため、

「ところで先生はこれからの人生何をしたいですか？」

とお聞きしてみても、

「目の前のことに精一杯で、先のことなんてあまり考えたこともないなあ」

とおっしゃるのです。

そこで質問を変えて、

「じゃあ、今、すべての仕事が先生の手から離れたとしたら、何をやりたいですか？」

とお聞きしてみると、少し考えたあと、

「うーん、やっぱり女房と旅行に行って、美味しいものを食べたりしたいなあ」

という答えを出してくださいました。

「旅行お好きなんですか？」

「若い頃はね、女房としょっちゅうあちこちに行ってたんですよ。国内だけでなく海外も。フランスに行ったのって、あれ、いつだっけ？」

「あれは、子どもが生まれる前だから、20代の頃よ」

「そんなに前かあ。あれは楽しかったよね」

「私は、シンガポールも好きだったわ」

「ああ、確かに！　シンガポールも楽しかった」

「国内なら、北海道も良かったわよね。あと九州の温泉も！」

隣で話を聞いていた奥様も加わって、旅行の話でひとしきり盛り上がってい

たのですが、その時、山下様がポツリとこうつぶやいたのです。

「ああ、また女房と一緒にいろんなところに旅行に行きたいなあ。今ならもっ

と贅沢ができるだろうしね」

そこで私が

「じゃあ、次に旅行するとしたら、どこがいいですか？」

と違う質問をさせていただくと、

「まあ、女房と一緒なら、どこでも楽しいと思うよ」

と即答されたのです。

それを聞いて私は、山下様が奥様との時間をとても大切にしていらっしゃっ

て、この先の人生に望んでいるのも、「旅行に行く」こと自体ではなく、奥様

と一緒に多くの時間を過ごすことなのだろうと思いました。

もしかすると今抱えていらっしゃるストレスも、忙しすぎるということだけ

が原因なのではなく、奥様と一緒に過ごす時間が取れないことが大きく影響しているのかもしれません。

どちらにしても、これからの山下様に必要なのは間違いなく「時間」です。**自由な時間を得るには、E・Sの側にいるよりもB・I側にいるほうが圧倒的に有利**です。

そこで私は山下様に、収益型不動産の購入をお勧めしてみました。

そうすることで相続税評価を下げることができ、相続税の負担額を減らせることももちろん目的の一つですが、それより何より、家賃収入を得ることで自由な時間を手にすることができるというのは、山下様にとって大きなメリットだろうと考えたからです。

山下様は確かに、整形外科医として十分すぎる収入を得ていらっしゃいます。でも、それは長い労働時間と引き換えでした。

B・Iの方からもある程度のお金が得られるようになれば、少なくとも病院を守っていくことに必死にならずに済みます。そうすれば、院長としての仕事から引退する、という決断もしやすくなり、望んでいる「奥様と一緒に過ごす時間」をたっぷり手にすることができるのではないでしょうか。

「病院の経営からすぐに手を引くことはできないけどね」と言いつつも、もう一つの収入源を持てるというのは魅力的だと感じてくださった山下様は、その後4棟の収益マンションを購入されました。

自己資金に加えて、10億円ほど借り入れることをご提案すると、最初は「え？そんなに？」と驚いていらっしゃいましたが、インフレが進む時期は、借り入れで買うほうが理にかなっていることや、空室が出ない物件を私が責任を持って探すこと、そして家賃収入の約3割が残るキャッシュフローなら、返済に困ることはまずあり得ないことを丁寧にお伝えすると、「木口さんがそう言うなら安心だね」と言ってくださいました。

収益マンションをご購入されてから2024年で3年目を迎えますが、これまで空室はほぼゼロです。入居者が入れ替わった部屋が6部屋ほどありますが、前の入居者の退去が決まっても次の入居者はすぐ決まり、空室が1カ月以上続いたことはこれまで一度もありません。

家賃収入は４棟合わせて年間８３００万円。ローンの返済と経費を差し引いても、年間で２０００万円ちょっとの手残りがありますので、単純計算すると山下様はこの２年間で約４０００万円の収入を、収益マンションだけで得られているということになります。

そろそろ売却を考えてもいい時期に来ていますが、今すぐ売ったとしても買った時の金額以上で売却できるのは間違いないと思います。そもそも最初からそういう物件しかご紹介していないので、それは当たり前なんです。

売却が成立すれば、キャッシュがドンと返ってくるので、そのお金を使って次は何をしましょうか、というお話を今はしているところなのですが、実はそれより前に山下様は大きな決断をされました。

収益マンションの家賃収入だけで十分すぎるお金を得られるようになったことで山下様は、病院の経営から離れることを真剣に考え始めたのです。

「ところで、先生は、いつまで働こうと考えていらっしゃいますか？」

「いやあ、実は働くのはもういいかなと思ってるんだよね。お金の心配はなくなったから、もっとゆっくりしたいし、旅行だって好きな時に行きたいしね」

「だったら、病院の売却を考えてみてもいいかもしれませんね。業績もいいですし、きっといい条件で売却できるのではないですか？」

実は私はＭ＆Ａについても勉強しており、また、私自身も以前から業務提携していた建築設計事務所を先方からの提案もあり、買収させていただいた経験があったので、もしも先生が病院の売却をご希望されるのなら、そのお手伝いもできるなと思っていたのです。

ところが先生は、

「それだと、みんな困るんじゃないかなあ」

という迷いを、まず口にされました。

「困るというのは？」

「やっぱり、長年やってきた私がいきなり辞めてしまったら、患者さんもスタッフも困るだろうし、それで経営がうまくいかなくなったりしたら、買ってくれた人にも申し訳ないよ」

「なるほど。確かに先生がポーンと辞めちゃったら、困る人はたくさんいるかもしれないですね」

「そうなんだよ。患者さんやスタッフには恩返ししたいと思っているのに、それとは逆のことになっちゃうからね」

「じゃあもしも、患者さんもスタッフさんも、そして病院を買ってくれた人も困らない方法があるとしたら、売却は考えられますか？」

「そりゃあ、迷惑をかけずに済むなら、すぐにでも売りたいよ。だってゆっくりしたいもの」

「ちなみに、先生が言う『ゆっくりしたい』というのは、1週間を丸ごと休みにしたい、という意味ですか？」

「そう言われてみると、毎日休みっていうのは、ゆっくりを通り越して退屈になってしまうかもしれないね。旅行に行ったとしても、解放感みたいなものは感じないだろうし、それだとあまり楽しくないのかもしれないな（笑）」

「だとしたら、辞めるにしても、一気にポーンと辞めることは、先生自身も望んでないのですね？」

「確かにそうだね」

「例えば週に何日くらいなら、働いていたとしても、のんびりもできると思いますか？」

「週に2日くらいがストレスにもならないし、ちょうどいいかなあ。週に5日も休みがあれば、旅行にだって行けるし、ちょっとは働いてるぶん旅行に行った時の解放感も味わえていいかもしれないね」

「そうですよね。旅行って、忙しい中で行くからこそ、解放感も味わえて楽しい、みたいなところありますしね。でも、そうやって週に2日だけ先生が顔を出すことで、これから時間をかけて患者さんやスタッフの方に恩返しができるんじゃないですか？　それで経営もスムーズになるだろうから、新しい経営者の方にも喜んでいただけると思いますよ」

「そうか、なるほど。ぜひ、そうしたいよ。木口さん、お願いできる？」

それからまもなくして、山下様の病院は数億円で売却が成立しました。そして山下様は今、その病院の「雇われ医師」として、ストレスなく、皆さんに恩返ししながらやりがいのある仕事をされています。

もちろん、自由になる時間はたっぷりあるので、奥様と一緒に、色々なところに食事に行ったり、旅行に出かけたりされています。

また、時には私の妻も交えて一緒に食事をさせていただくこともあり、つい先日はお嬢様の結婚式にも招待していただきました。

そんなふうに、**ＣＦホームのお客様とは、コンサルタントとお客様という関係から、とても深いお付き合いへ変わっていく**ことが多く、それは私自身の大きな喜びでもあります。

相続税のことは確かに気にしていらっしゃいましたが、実は山下様は、４人のお子さんに資産を遺すことを当初はあまり考えていないとおっしゃっていました。

親の資産に頼ると碌(ろく)なことにはならないし、自分もそうだったように子ども

たちは子どもたち自身で、自分の資産を作れるよう頑張ってもらいたいという
のが、山下様なりの親心だったのです。
　もちろん、その気持ちを無視するつもりはないのですが、「資産を遺すのは
子どもたちのためにならない」と考える時、人というのは、相続が発生した直
後のことだけをイメージしていることが多いのです。
　だから、ある時私は、山下様にこんなふうに切り出してみました。
「例えばの話なのですが、４人のお子さんに1棟ずつマンションを遺してあげ
られたら、家賃だけで毎月80万ずつ入ってくる未来をプレゼントできます。そ
れだけあれば十分生活はできますし、お金のために仕事をしている人がたくさ
んいる中、お金を気にせずに好きな仕事を心から楽しむことができますよね。
これもみんなパパやママのおかげだって、本当にありがとうって、毎日感謝し
てくれるお子さんの姿を想像したら、どう感じますか？」
「それは……確かに最高かもしれないね」
　そして、ご夫婦で話し合われた結果、４棟あるマンションを1棟ずつ遺すこ

とを決められたようです。もちろん、まだまだお若いので、今後何回かの入れ替えもすることになるでしょうが、そのようなゴールがイメージできたことは、山下様ご夫妻にとって素晴らしいことだと思います。

自分が亡くなったあとのことをイメージするなんて嫌だと思うかもしれませんが、愛する子どもたちが豊かになっていく未来、遺産を受け継いだ人が豊かになっていく未来を想像することはとても素敵なことだと私は思います。

CASE 2

パラダイムシフトでB・I側から毎年1200万円の収入が。仕事に忙殺されない、平穏な日々を手に入れた渡瀬様

神奈川県で小児科医院を開業されている52歳の渡瀬清隆様（仮名）に最初にお会いしたのは12年ほど前のこと。ＣＦホームとしてご自宅の購入のお手伝いをした時です。

その後まもなく開業された渡瀬様は、それこそ目の回るような忙しい毎日を過ごされていました。

たくさんの子どもたちの診察をするのみならず、近隣の学校で校医を務めたり、保育園や幼稚園でお母さんたちの相談に乗ったりと、果たさなくてはならないタスクがたくさんあって、心身ともにかなり疲弊しているのをご自身でも感じられていたようです。

そんな時、以前私が雑談がてらお伝えしていた、「近い将来、開業されたら今よりもっとお忙しくなるでしょうから、早いタイミングで収益物件を購入す

ることも検討されるといいですよ」という話をふと思い出されたそうで、３年ぶりに会いにきてくださいました。

久しぶりにお会いした渡瀬様は確かにかなりお疲れの様子で、「病院の経営自体は確かに順調だけれど、自分自身は全く順調じゃないんです」とため息をつくのです。仕事を回すためにスタッフを増やしたいけれど、せっかく軌道に乗ってきたところだし、自分さえ頑張ればもっと利益は出せるのだから、やるしかないと思っているようでした。

「ところで木口さん、収益物件を購入して運用すれば、そちらで勝手にお金が入ってくるようになる、って以前おっしゃっていましたが、それってどれくらいの資金があれば購入できますか？　病院は建物も敷地も賃貸だし、僕の資産と言えば、木口さんから買わせていただいた自宅だけです。それじゃあ、全く話にならないですよね？」

「いやいや、そんなことはないですよ。一口に収益物件といってもピンからキリまで色々ありますが、担保力の高い物件、つまり、銀行に収益性が高いと判断してもらえる物件をちゃんと選べば、その物件を担保に融資がおりることは多いです。だから、大きな資産がないとしても、長期ローンを組むことは不可能ではありません」

「なるほど、そうなんですね」

「それより何より、渡瀬様には他の人にはない大きな強みがあるじゃないですか？　私が以前渡瀬様に収益物件の検討をお勧めしたのも、それが理由なんですよ」

「え？　私に強みなんかあります？　真面目に働いていることしか思い浮かびませんが……」

「もちろん、それも素晴らしいことですが、答えは渡瀬様の肩書きです」

「肩書き、ですか？」

「そう、開業医という肩書きです。融資というのは要するに信用の度合いなんです。だから銀行はその人が経済的にどれくらい信用できる人物なのかを見て、融資するのかしないのか、するとしたらどれくらい融資をするのか、を決めることが多いんですよ。その点、開業医の人は銀行からの信用力がものすごく高いです。だから、資産がなくても、肩書きだけで十分可能性はあると思います」

「え？　そうなんですか？」

「しかも、**信用力の高い人は、そうでない人より安い金利で借りられるという メリット**もあります。これを活かさない手はないだろうと私だったら思いますね」

「だったら、ぜひ、すべて木口さんにお任せしたいです！」

ここまでこの本を読んでくださった方なら、ここで私が「かしこまりました。全てお任せください」とは言わないことはきっと想像がつくでしょう。

そうなんです、渡瀬様は、私が収益物件の話をしたからそうしたいとおっしゃっているだけで、収益物件を買って、何を手に入れたいのか、どういう自分になりたいのか、将来の自分は何をしたいのか、という大事なゴール設定を、まだ何もしていないのです。

そこで私はこう伝えました。

「渡瀬様にとって、最高のご提案をさせていただくために、ぜひお願いしたいことがあります」

「え？　なんですか？」

「お忙しいとは思いますが、次に会う時までに、ロバート・キヨサキさんの『金持ち父さん 貧乏父さん』と『金持ち父さんのキャッシュフロー・クワドラント』を読んできていただけますか？　まずはその本を読んでいただいてから、一緒に具体的な方法を検討しましょう」

「そうですか、わかりました」

わざわざ足を運んでくださったお客様に、課題図書を与えるだなんて普通に考えるとあり得ない話かもしれませんが、B・I側で成功するのに大事なのは、ノウハウよりも、パラダイムシフトです。Sの価値観で凝り固まっているのが明らかな渡瀬様には、まずはご自身の立ち位置と、B・I側に立つことの本当の意味を知っていただかなければなりません。

そして1カ月後に再会した渡瀬様は開口一番、

「目から鱗が落ちました！　私が心身ともに疲弊していたのは、ドＳだったからなんですね」

と興奮気味におっしゃいました。

「木口さん、私は、Ｂ・Ｉ側に軸足をできるだけ移して、稼ぎを気にせずに、子どもたちの健康のためだけに仕事をするような生き方をしたいです。そのための方法をぜひ一緒に考えてくださいますか？」

その言葉が聞けたことで、私は力強く答えました。

「かしこまりました！　その方向で進めましょう！」

その後渡瀬様は、３年間のうちに３棟の収益マンションを購入され、Ｂ・Ｉ側からの収入が年間１２００万円になる仕組みを整えることに成功しました。

もちろん、私が自信を持って担保力の高い物件を選んだので、融資も問題なくおり、かなりの低金利でのローンを組むことができたのも成功の秘訣だったのだと思います。

ただし、渡瀬様は今でも子どもたちの健康のために日夜奔走しているので、忙しい毎日であることに変わりはないようです。それでもストレスは一切なく、心の平安が保たれているのは、B・I側からも十分な収入が得られることで、「稼ぐためにも頑張らなければいけない」という強迫観念のようなものが消え、肩の力を抜いて仕事ができているおかげだろうとおっしゃっています。

いずれは病院を売却して、悠々自適の生活を送りたいと考えているそうで、週末は家族とゆっくりと過ごす時間にするとともに、そんな幸せな将来に向けての勉強の時間にも充てているそうです。

最初に収益物件購入のご相談にいらっしゃった時のことを振り返り、渡瀬様はこんなふうにおっしゃっています。

「ロバート・キヨサキさんの本を読めと木口さんに言われた時、だから忙しいと言ってるじゃないか！　って正直ちょっとムッとしたんです。でも、気を取り直して読み始めると、この本は自分のために書かれているんじゃないかと思うくらいの衝撃を受けました。これまでの自分の価値観はなんだったんだ？　って（笑）。あの本との出会いがなければ、私は今頃仕事に殺されていたかもしれないと本気で思うんですよ。もちろん木口さんとの出会いも私にとっては大きかったのですが、少し価値観を変えるだけで人生がここまで大きく変わるってことって、本当にあるんですね」

「相続」で幸せになる／お客様の事例

CASE 1

こじれる可能性が高かった相続トラブルも未然に防ぎ、完全にB・I側にシフトして悠々自適に生きる中本様

以前お世話になったお客様から、「相続のことで悩んでいる人がいるからぜひ相談に乗ってあげて欲しい」と紹介されて、お会いしたのが福岡県に住む35歳の中本賢治様（仮名）です。

中本様は基本的にはミュージシャンで、ライブ活動などをされていたのですが、それだけでは食べていけないので地元のラジオ局でも働いているのだとおっしゃっていました。

中本様のお父様は福岡で印刷会社を経営されていたのですが、その会社では妹さんとそのご主人、つまり中本様にとっては義理の弟さんがずっと働いており、将来的には妹さん夫婦がそのまま継ぐ予定になっているそうです。

「ご本人の言葉を借りるなら、中本様は「売れないミュージシャン」だったので、時間がある時には中本様も会社に行き、それなりに手伝ったりもしている

そうなのですが、家族からは「自分勝手に生きてる人間」という目で見られていて、妹さんからの風当たりは強く、手伝いに行ってもあからさまに無視されることもあったそうです。

そんな中本様がずっと気になっていたのは、実家の資産のこと。

今は少し低迷しているものの、かつてはかなり羽ぶりが良かったお父様が、自宅や会社のビル、そして収益マンションや賃貸の一軒家など全部で４つの不動産を所有しており、このまま妹との関係が悪いままでは、もしかすると、自分には一つも遺してもらえないのではないかというモヤモヤをずっと抱いていたそうです。

そしてその不安は決して杞憂ではないことに中本様が気づかされます。

久しぶりに実家に顔を出したある日、不意に相続の話になり、妹さんからはっきりとこう言われたのです。

「お兄ちゃんはずっと好き勝手に生きてきて、この家のことは全部私がやってきたのよ。この家の財産は全部私がもらう権利があるよね？　そういう時期が来たらお兄ちゃんは全部の相続を放棄するって約束して！」

妹さんがそう思っていることは薄々気づいていたとはいえ、はっきり面と向かって言われたことに中本様は大きなショックを受けます。

ご両親も会社を切り盛りしてくれている妹夫婦には頭が上がらないのか、中本様に助け舟を出してはくれませんでした。

私がお会いしたのはまさにそんな状況の中で、中本様が打ちひしがれているタイミングでした。

実は、中本様は気にはなっていたとはいえ、こんなに早い段階で具体的な相続のことを考えることになるとは想定していなかったのだそうです。気にはなるけど、「両親もまだ健在なのだし」という思いもあり、面と向かって話すことに抵抗もあったのかもしれません。

妹さんがわざわざあのようなことを言ってきたというのは、「早いタイミングで決着をつけておきたい」という本音の表れなのだと思いますが、こういうトラブルが起きそうな案件こそ、実際の相続が発生するより前に、相続人の間で取り決めをしておくのは実はとても大事なことなのです。

「それで、中本様ご自身は、この先、どうしたいと考えているのですか？」

「もう、頭が混乱してしまって、どうしていいかわからないんです」

「そうですよね。では、少しずつ話を聞かせてください」

「わかりました」

「まず、妹さんとは今後どういう関係でいたいですか？」

「これまでもいい関係とは言えなかったけど、最低限、今の関係は維持したいです。もう二度と会わない、みたいなことにはなりたくないです。たった一人の妹ですし」

「なるほど。もっと仲良くなる、ことは望んでいますか？」

「それは現実的に無理だと思いますから、そこまでは望んでいません」

「そうですか。つまり、今以上に悪化しなければいいと？」

「はい。今でもごくたまに、普通に話せることもありますし」

「わかりました。じゃあ、次は相続の話をお聞きしますね」

「はい」

「将来的な相続財産として考えられるのは、ご自宅と自社ビルと収益マンション、賃貸の一戸建ての４つですよね。もしもお父様が亡くなられたとしたら、法律的にはお母様が半分、残りを半分ずつ妹さんと分割することになります。実際には評価額など他の要素が関わるので、必ずしもそういう分け方にはならないのですが、例えばこの４つのうち、これは自分が相続したいというのはありますか？」

「うーん、どれと言われても、そもそも僕にもらう資格あるんですかね。妹も言ってたようにずっと好き勝手生きてきたし、今更どれが欲しいとか言ったら、親も妹も絶対怒ると思うんですよね。どれだけ図々しいんだと」

「妹さんや親御さんがどう思うかではなく、大事なのは、中本様ご自身の気持ちです。そういうこれまでの背景は一旦脇に置いておいて、中本様が今、どう感じていらっしゃるか本音で答えていただけますか？」

「わかりました。だったらまず、会社のビルは別に欲しくないです。これは間違いなく本音です」

「それはビル自体もいらないし、会社を継ぐ気もないと理解して良いですか？」

「はい。今だって実質的には妹夫婦が継いでるようなものだし、そこを邪魔する気はありません。それに僕は会社に縛られない生き方がしたいので」

「なるほど。そうなんですね」

「やっぱり欲しいのは、マンションかな」

「それはなぜですか？」

「実は今、僕もそのマンションに住んでいるんですが、完成してからまだ3年しか経ってないからピカピカだし、駅からも近くて、すごく住み心地がいいんです。福岡の中心地にも出やすいですし、資産としても価値がありそうだと僕は思っているんですけど、木口さんはどう思われますか？」

「そうですね、私が中本様の立場でも、絶対にマンションを選ぶと思います。駅近で築年数も浅いということですから、収益マンションとして理想的ですからね」

「やっぱり、そうですよね？」

「じゃあ、例えばなんですけど、そのマンションが相続できれば、他は全部妹さんのものになっても構わないということですか？」

「はい。それで構わないです」

「かしこまりました。では、そのご希望を実現させるために何ができるかを一緒に考えていきましょう」

整理すると、中本様のご希望は以下の2つです。
1、妹さんとの関係はこじらせたくない
2、自分が今住んでいるマンションを相続したい
妹さんとの今後の関係を考えるなら、第三者を交えるより、直接話し合うほうが良いでしょう。

そこでまずは、妹さんに自分の意向を伝えることから始めてみて欲しいとお伝えしました。

ただし、その時の注意点として、

１、相手の感情や行動はコントロールできないので、そのまま受け止めること
２、自分の感情はコントロールできないけれども、行動はコントロールできるので、感情のまま動かないこと

実はこれは良い人間関係を構築するのにとても有効な方法です。

怒るとか、悲しむといった感情を意識的にコントロールすることはできませんが、人間関係のトラブルというのは、お互いがその感情に任せた行動をすることにあります。

例えば相手に対する怒りが湧いた時、感情に任せて暴言を吐いたり手をあげたりすれば、それに対して相手も怒り、怒りに任せた行動で反撃してきます。そうなると、より大きなトラブルになるのは避けられません。

けれども**行動というのは、本当は自らの意思でコントロールできます。**

怒りが湧いてきても、暴言を吐くのではなく冷静に言葉を選んで話すとか、手が出そうになった時はいったんその場を離れてみる、といったことですね。

そうすれば、相手を怒らせずに済みますから、それ以上のトラブルも避けられるでしょう。その結果、改善策も見えてくるかもしれません。

ただし、忘れてはいけないのは、相手の行動をコントロールするのはあなたではないということです。自分以外のことに関しては、感情もそして行動もコントロール不可能なのです。

つまり、相手が怒って暴言を吐くとか、手を出してくること自体をあなたがコントロールすることはできません。だからそれはそのまま受け止めるしかないのですが、唯一コントロール可能な「自分の行動」をうまくコントロールするだけでも、人間関係は驚くほど改善していくのです。

実際、中本様の希望を聞いた妹さんは、

「今更、何勝手なことを言ってんの？」

と最初は怒り心頭だったそうです。

暴言とも取れる言葉も吐かれたそうですが、中本様は私のアドバイス通り、徹底して自分の行動をコントロールして、話を続けた結果、会社の業績などについて話せるところまで漕ぎ着けました。

実は業績は決して好調ではなく、資金繰りに四苦八苦しているのがわかったそうです。また、中本様が相続を希望している例のマンションの残債は1億7000万円であることもわかりました。

その話を聞いた私は中本様に、例の収益マンションを1億9000万円で買い取る形の相続を提案しました。具体的には、1億7000万円の残債を全て引き受け、さらに2000万円をキャッシュで支払うということです。

お金を払って相続する、ということに違和感がある方がいるかもしれませんが、その時の時価で言えば、そのマンションの価値は4億5000万円は下らないことがわかっていたので、これは破格の値段です。

要するに4億5000万円の価値のある収益物件を1億9000万円で購入できるのですから、こんないいことはありません。また、妹さんにとってみても、資金繰りが厳しい中で2000万円ものキャッシュを受け取れるのは、決して悪い話ではないでしょう。

また、買い取ろうとしている物件は、収益マンションとしての理想的な条件をすべて満たしているので、残債を長期ローンに組み直したり、金利を下げる交渉をしたりして良好なキャッシュフローを構築すれば、今後利益を生み続けてくれるのは間違いありません。だから、２０００万円のキャッシュを余計に支払ったとしても、これを回収するのにそう時間はかからないでしょう。

そして、この話を中本様が妹さんに持ちかけてみたところ、妹さんは頑なだった態度を軟化させ始めたそうです。

最後はご両親の後押しもあり、中本様が1億９０００万円でマンションを譲り受けること、それ以外は会社の経営権も含め、全ての相続を放棄する、という決着をみました。

その後、中本様はこの物件から毎年１２００万円の収益を手にすることになり、会社も辞めて、完全にＢ・Ｉ側として生きていく決心をされ、その後新たに2棟の収益マンションを購入されました。

今の資産規模は10億円を下らず、Ｂ・Ｉ側からだけで毎年の収入は２０００万円以上だそうです。

念願だった海が見える別荘も手に入れたあと、長くお付き合いされていた方と結婚もされて、悠々自適の幸せな生活を送られています。

CASE 2

婚外子ゆえに評価額の低い土地を相続するも、まさかの大逆転で年間600万円の収入を確保した水田さん

今は兵庫県に住み、飲食店を営む水田洸平さん（仮名）は、私の古くからの友人です。

10年ほど前に飲んだ時、実は彼が婚外子であることを聞きました。

ずっと父親だと信じてきた人には本当の家族がいて、そこには3人の子どもがいることを、彼が初めて知ったのは18歳の時。確かに父親は留守がちだったそうですが、仕事の都合でなかなか家に帰ることができないと聞かされて育ったので、そういう事情があったことに全く気づかなかったそうです。

「向こうにとって見れば、オレの存在なんて認めたくないだろうから、相続の時には結構揉めると思うんだよなあ。だからその時は木口、頼むよ」

そんな口約束をしてから8年後、本当にその時がやってきたのです。

でも、詳しく話を聞いて驚きました。

水田さんの亡くなったお父さんは、地元でも有名な大地主だったのです。本妻の3人のお子さんたちは水田さんには一切何も渡さないと主張しているようでしたが、水田さんの相続権は法的にも認められています。

もちろん裁判で戦えば負けるようなことはないと思いますが、できるだけ平穏に解決したいというのが水田さんの考えでした。

そこで、私も水田さんに同行し、話し合いの場を持つことにしたのです。

「法定相続権」とか「遺留分」といった言葉を持ち出す私が、単なる友人ではないと先方もすぐに察したのか、アパートなら2棟くらい建てられそうな土地を水田さんの相続分として提案してきました。

それは本来水田さんが相続してしかるべき相続分の10分の1程度であるのは明らかでしたが、「これ以上欲しいというのなら、裁判でもなんでも起こしてくれ」と言い出したのです。

いたたまれなくなった水田さんは「それだけもらえれば十分です」と私の耳元で囁いてきたのですが、私は「念のため、相続の明細を見せて欲しい」と先方にお願いしてみました。

　渋々差し出された明細を見た時、相続資産の中に市街化調整区域に指定されている土地があることに気づきました。

「市街化調整区域」には建物が建てられないので、かなりの広さがあっても、あってないような評価額しかつきません。土地自体の面積はかなり広かったのですが、おそらく先方は評価額などないに等しい土地の存在など気にも留めていないに違いないと考えた私は、「この土地の相続も認めてもらえませんか？」と先方にお願いしてみたのです。

「なぜこんな土地を欲しがるのか」と怪訝な顔はしていましたが、案の定、その土地を水田さんが相続することに、先方も異論はありませんでした。

　結局、アパート2軒分の土地と「市街化調整区域」にある広い土地が水田さんの相続分となりました。

　交渉からの帰り道、「あんな土地もらって大丈夫なのか？」と不安そうに私に聞いてくる水田さんに、私は「まあ、見ててよ」と答えました。

実は水田さんが相続したその土地のまわりには、地図で確認しただけでも、大きな建設会社や運送会社がたくさん立ち並んでいました。一方で、資材置き場とか車両基地になりそうな場所はあまり見当たりません。だから、その土地は、たとえ評価額は低くても、そのような地域のニーズに応えることができるのではないかと私は考えました。

評価額が低いことと、土地としての価値の高さは全く別の話なのです。

その予感は的中し、相続の確約をもらって3日後にはその土地を、年間600万円で貸し出す契約をある建設会社と取り交わすことができました。

また、こちらは何も手をつけずにそのまま貸し出すという契約なので、経費も一切かかりません。契約は5年単位で、契約が成立したら、5年分を一括で支払ってもらうことを約束していただきました。

場所柄、物流拠点としての使い勝手も良さそうなので、この契約が更新されなくても、次の借り手はすぐに見つかるはずです。将来的には市街化調整区域から外れる可能性もありますので、その時にはそこにマンションを建設することだってできるでしょう。

その5年分の地代で水田さんは、もう一つの土地にアパートを建設しました。

実は以前の水田さんは、自身の営業する飲食店の経営があまりうまくいかず、借金に追われていたようです。

ところが、これらの土地から何もしなくても年間2000万円の収入が得られるようになったことで借金を完済できたのみならず、飲食店のほうもなぜか経営状態が一気に上向きになったのだとか。

その理由を「お金のために」という気負いがなくなったおかげではないかと、水田さんは自己分析されていますが、それは間違いありません。

「お金のため」という足枷がなくなると、人は大好きなことに余裕を持って取り組めるようになるので、成功する可能性がグッと高くなるのです。

「相続未来図」の挑戦

「相続未来図」には、小池且将(かつのぶ)と志田俊介という2人のスタッフがいます。

彼らは、「お客様にたくさん喜んでいただくことが、最高の成果である」という私の価値観を共有してくれるのみならず、時には私が考えもしなかったアイデアを提案してくれる、頼もしいメンバーです。

そこでこの章では、彼らとお客様との物語を、自身の思いも織り交ぜながら、彼ら自身の言葉で紹介させていただければと思います。

小池且将（かつのぶ）

神奈川県横浜市出身。藤沢市在住。大学卒業後、総合不動産会社に入社。不動産仲介営業、新築戸建・新築マンション販売を担当した後、営業マネージャーを務める。年間売上トップとなる人材を育成するなど会社から多数受賞。不動産取引実績1,000件。2017年にCFホームに入社。

［保有資格］
- 上級相続診断士
- 宅地建物取引士
- 賃貸不動産経営管理士
- 既存住宅アドバイザー
- 生命保険募集人
- 証券二種外務員

「仕切り直し」の決断で大地主様ならではのトラブルを回避。相続者様は新たな「相続未来図」を描き始めています

私が静岡県に住む斎藤剛志様（仮名／52歳）と初めてお会いしたのは、3年ほど前のことです。

斎藤様のお父様が3000㎡ほどの敷地を所有されていたのですが、その敷地のほとんどをご自分の畑として使われていました。

ただ、ご高齢になってきたことで、草むしりなどの手入れが大きな負担になってきました。また、このままでは高い固定資産税を払い続けることになりますし、

将来相続が発生した時の相続税を抑えるためにも、その敷地に戸建て住宅を建て、賃貸として貸し出すことで、相続対策を兼ねた敷地の有効活用をする提案をハウスメーカーの方から持ちかけられたのです。

ただ、あまりにも敷地の規模が大きかったため、不動産業者からの意見も聞かせてほしいとのことで、ハウスメーカーの担当の方から呼ばれた私も打ち合わせの場に同席させていただいた、というのがそもそもの始まりでした。

具体的な計画は、敷地の真ん中に私道を作り、戸建て住宅を14棟建てて賃貸で貸し出すというもので、確かにこれなら税制の優遇措置を受けられるので、相続税の節税にもつながるでしょう。

もちろん14棟もの戸建て住宅を建てるに当たっては、銀行から多額の借り入れをすることは不可欠でしたが、エリア的にも一戸建てのニーズは高く、良好なキャッシュフローの構築を阻むものは見当たらないので、不動産業者である私から見てもこの計画に問題があるようには思えませんでした。

そこで全員が納得する形で、計画通りに工事を進めましょうという話に落ち着いて、さあ、いよいよ工事を始めようという段階になって、思いがけないことが起こります。

土地の所有者であるお父さんにステージ４のガンが見つかり、余命１年という宣告を受けてしまったのです。

家族の皆さんは大きなショックを受けていらっしゃいましたが、そんな中でも斎藤さんはハウスメーカーの担当者に、「工事は予定通り進めて欲しい」という連絡を入れてくださったようです。

もちろん、予定している計画は相続対策という意味合いが強かったので、お父様が亡くなられた時に、工事がすべて完了してさえいれば、少なくともお金の話での問題は何もありません。工事も早ければ１年以内で終了できる可能性は高かったので、お父様が余命を全うされることが確実なら、相続対策をしておいて良かったという話になるでしょう。

けれども工事の途中でお父様がお亡くなりになるという万一のことが起こった場合には、土地の評価額のままの相続税がかかり、さらに建築費の借金もそのまま相続されるという遺された方たちにとっては大変な事態になります。また、斎藤さんにはご兄弟が３人いらっしゃいましたので、相続の形が複雑になってしまうことも懸念されました。そうなってからでは私たちには、「残念でしたね」という言葉をかけるくらいしかなす術は残されていません。

そのような可能性があることは、おそらく斎藤さんご自身も、ハウスメーカーの担当者も気づいていたと思います。

ただ、それを口にすることは、斎藤さんにとっては「お父さんは余命を全うできない」ことを認めることでもあり、またハウスメーカーの担当者もそれを前提として話をするようではばかられたであろうことは想像に難くはありません。

でも、お父様と相続者様の本当の幸せを考えた時、私はこの工事はなんとしても止めなくてはいけないと思いました。

もちろんそれは、お父様が予定より早くお亡くなりになる可能性を口にすることなのでとても勇気の要ることでしたが、お父様が実際どれだけ長生きされるかは誰にもわからないけれど、余命宣告を受けられた以上、計画していた相続対策は次の代でやるべきだということを、私なりの誠意を持ってお伝えしました。そして、幸いにも斎藤さんには理解していただき、借り入れはすべてキャンセルして、工事も中止されることになったのです。

お父様が亡くなられたのは、それから半年も経たないうちでした。

斎藤さんからは、

「進み始めた計画をキャンセルしてしまうのはハウスメーカーの方にも工事業者の方にも申し訳ないという思いもあったのですが、あの時、小池さんに止めてもらっていなければ、今頃大変なことになっていたと思います。だから本当に感謝しています」

というありがたい言葉をいただきました。

もちろん結果としては、特例措置を受けられなかったことで発生した約１億円の相続税を支払うために土地の一部を売却することにはなったので、「相続税対策」としては失敗だったのかもしれません。

でも、これに加えて借金も負うという最悪の事態を免がれたことで、次の代に向けた「相続未来図」には多くの可能性が残されています。斎藤さんはすでに描き始めていて、私もまさに今、そのお手伝いをさせていただいています。

相続というのは、どうしても誰かの「死」がきっかけで発生するものなので、遺す側もあまり考えたくないし、遺される側も事前に話すことがはばかられる面は確かにあります。また、先祖代々広大な土地を守り続けてきた大地主家系の方たちの間には、先代が亡くなる前から相続する側があれこれ口出しすることはタブー視される空気があるという話もよく耳にします。

でも、相続は必ず発生します。そして、**実際に発生してからだとさまざまなトラブルにつながりやすい**ことは長年の経験から痛感しています。だからこそ、将来の相続について事前に考え、できる限りのケアをして、そして可能な限りより良い方向に導くという、弊社が提供する**「相続未来図」のコンセプトへのご理解は、親族間の無用な争いを避け、幸せな人間関係を維持するための第一歩になる**のではないかと思います。

志田俊介

神奈川県横浜市出身。地主家系の長男に生まれ、幼少期より実家を継ぐ必要があることを感じながら育つ。大学生時代に宅地建物取引主任者（現宅地建物取引士）を取得し、総合不動産会社に入社。新築戸建・新築マンション販売に従事し、入社2年目に単月売上3位を受賞、3年目からチームでトップセールスマンを育成するなど、チームで人の役に立つことの喜びを学ぶ。2018年にCFホームに入社。

[保有資格]

- 公認不動産コンサルティングマスター 相続対策専門士
- 宅地建物取引士
- 日本ファイナンシャル・プランナーズ協会会員(AFP)
- 証券一種外務員資格
- 2級DCプランナー（企業年金総合プランナー）

「資産運用を全力でお手伝いします」この約束を果たすために、大きな壁も乗り越えました

宮原義昭様（仮名／72歳）との出会いは、8年前、私がまだ別の不動産会社にいた頃でした。

当時、宮原様ご一家が一戸建てを購入され、その仲介を私が担当させていただいたのがきっかけです。

宮原様は上場企業の創始者の一人で、その時は海外で勤務されていたので、物件の内覧やご購入の判断からご契約まで、全て奥様とお嬢様にお任せになっ

ていました。そしていざ、決済のタイミングが来ると、宮原様がポンと一括で現金決済されたのです。

7000万円近い物件をそのような形で現金一括購入されるケースは、これまでの私の経験でも、宮原さんを含めて2人だけなのでとても印象に残っていました。

その1年後に、私は前の会社からCFホームに転職することになるのですが、そのご挨拶のご連絡をさせていただいた時が、ちょうど宮原様も会社を退職して日本に戻られたタイミングでもあったので、一緒に食事でもしましょうと誘ってくださったのです。

そうして初めてお会いした当時65歳の宮原様は全く年齢を感じさせないバイタリティに溢れていて、これだけの資産を手にされたのは、宮原様の人間性ゆえであることを強く感じたのを今でもよく覚えています。

その後も何度かお会いさせていただく機会があったのですが、その度に大きな刺激を受け、いつしか宮原様は、私の人生の師のような存在になっていました。

そして宮原様もそんな私をとても可愛がってくださり、ある時ふと、「そろそろ相続税対策を考えたいのだけど、志田さんできますか？」と声をかけてくださったのです。

大事なご資産に関わるお仕事を任せていただけることが嬉しくて、私はその場で、全力でお手伝いさせていただくことをお約束しました。

宮原様には、10億円くらいの資産がありましたが、相続人は奥様とお嬢様だけなので分割する際のトラブルは考えられませんし、また十分なキャッシュもお持ちだったので納税に問題もありません。

だとすれば、相続対策のテーマは節税のみです。そこでまずは、新宿からほど近い場所に建つ、築5年ほどのマンションを2億6000万円でご購入いただくことで、相続税の圧縮を図りました。

その物件は、ＲＣ造3階建てで全10戸、賃貸需要の非常に高いエリアに立地しており、この5年の間にレントアップ（家賃の値上げ）も実現できており、高い収益性が期待できます。そして実際、宮原様はこの5年の間、毎年約1200万円の収入を確実に得ていらっしゃいます。

ただしそうやって所得が増えると、せっかく相続税を圧縮しても結果として所得税が高くなってしまうので、資産管理法人を設立することもご提案させていただきました。

また、いろいろなお話をさせていただく過程で、宮原様にはご家族で何か事業をやりたいという夢があることがわかりました。

そこで、資産管理法人とは別に、それを実現するための事業法人の立ち上げのお手伝いもさせていただいています。

そういう私の仕事ぶりに満足してくださったのか、3年ほど前に、今度はまた別のお仕事を打診してくださいました。

実は、宮原様の資産のほとんどは株式で、その中には投資信託も含まれていました。

そしてその資産配分のバランスの調整も任せたいとおっしゃるのです。

「この投資信託っていうのが、ただ銀行の言いなりになってるだけでうまくいってるのかどうかよくわからないんだよね。だから、このへんのことも志田さんに任せられると嬉しいのだけど……」

当時の私は、資産クラスの一つである不動産を扱ってはいるものの、不動産以外は十分な知識を持ち合わせてはいませんでした。すぐ隣にあるはずの金融の世界に行くには、大きな壁を乗り越える必要があったのです。

でも、大事なお客様である宮原様に、「全力でお手伝いします」と言ったからには、損得勘定など一切関係なく、とにかくその大きな壁を飛び越えたいと思いましたし、飛び越えなくてはいけないと思いました。

そういうチャレンジが大事であることを、私は他でもない宮原様から教わっていたからです。

さっそく私は、「金融商品も扱ってお役に立ちたい」という話を木口に持ちかけました。すると木口も「それはお客様に喜んでいただけるね！　じゃあ、チャレンジしてみようか」とすぐに賛成してくれたので、私は必死に勉強し、証券一種外務員資格の取得を果たしました。

そして、ある証券会社さんの協力もあり、晴れてＩＦＡ（独立系ファイナンシャルアドバイザー）として、金融商品も含めた形でお客様の資産運用のお手伝いができるようになったのです。

ありがたいのは、その事業の立ち位置を、あくまでも「お客様へのサービスのため」とすることに木口が納得してくれていることです。

「この事業で収益を出せ」と言われてしまうと、本来長期的な視野でみるべき商品をむしろ短期で出し入れする必要が出てきます。それだとお客様にとって最も良い提案はできなくなってしまう危険性があるので、私たちがこの事業をやる意味がなくなってしまいかねません。

会社としてのその方針のもと、私は宮原様の資産はもちろんのこと、他のお客様のご資産も、より良い形に整えるべく、日夜努力しています。

お客様の声

この本の最後に、長くお付き合いさせていただいているお客様の声を掲載させていただきます。ご協力いただいたT様、K様ありがとうございました。

こちらのインタビュー映像は
「相続未来図」のホームページ
（https://cf-home.co.jp/souzokumiraizu/）
にもアップしております。
ぜひ、そちらもご覧ください。

T様ご夫妻（関西在住）

娘の友人の友人から紹介いただだいた木口さんとは最初、オンラインでお話しさせていただきました。画面を通じての初対面でしたが、木口社長の優しいお人柄は十分伝わってきて、この方なら信頼できそうだとピンときました。それで、次は直接お会いしたいとお願いしたら、わざわざ自宅までお越しくださったんです。

実際にお会いしてみると、私の第一印象通りのお人柄で、話も弾み、本当に楽しい時間を過ごさせていただきました。いろいろなお話をさせていただく中で、木口社長のご家庭もご夫婦揃ってお酒がお好きだということを聞いて、私たち夫婦と同じだねという話になり、今後はぜひ家族ぐるみのお付き合いをしていきたいと強く思いました。そして、資産運用のことも今後相談させて欲しいと私のほうからお願いしたのです。

その時から家内も同席するようになったのですが、家内はそれまで「不動産屋さん＝適当な物件を売りに来る人」というイメージを持っているようでした。

でも、木口さんのことは、最初に会った時から「ああ、この人は絶対にいい人」だと思ったそうです。だからもう会ったその瞬間から家内も、「この人に全てお任せしよう」と決めていたみたいなのですが、普段慎重な家内がそんなことを言うのは滅多にないことなんですよ。

私たちが夫婦揃って、「木口さんなら信用できる」と直感的に確信した理由をふたりでよく話すのですが、まず一つには物腰は柔らかなのに、木口さんの言葉には力があること。そしてなんと言っても木口さんの目なんですね。私たちはお互いに責任ある仕事をしているので、相手の目を見てその人がどういう人なのかを判断するところがあるんです。これは妻が言っていたことなのですが、木口さんの目は決して泳がないんですよね。いつも真っ直ぐに前を見据えていらっしゃって、そこから真摯なお人柄がものすごく伝わってきたんです。

資産運用に関しては私もセミナーを受けるなどしていたので、最強の節税法はやはり不動産だなということはなんとなく理解していました。ただ、いかんせん不動産に関する知識が全くなかったので、不動産の仲介について誰かに相談したかったのですが、非常に大きなお金が動くこともあり、なかなか全てを任せようとまで思える人とは出会えてなかったのです。また、運用目的で不動産をやるにあたっては、やはり銀行にもお金を借りなければいけませんから、多額の借金を背負うことに対する恐怖心もありました。でも、木口さんからいろんなアドバイスや励みを得て、**借り入れはむしろ幸せにつながる**ことが認識できるようになったので、いつしかそういう恐怖感はなくなりましたね。実際、資産運用がうまく回り始めたことで、夫婦の趣味である旅行などに時間を使えるようになり、また娘たちと過ごす時間も増やせるようになって、私たち家族は今、心からの幸せを感じています。

夫婦揃って忙しくしていたこともあって、相続のこととか税金のことなどを、真剣に考えるような時間は全くなかったですし、そもそも自分が死んでからのことを考えることに抵抗があってどこか避けている部分もあったのですが、木口さんとお話ししていく中で、今考えて準備をしておけば、後々みんながハッピーになることもよくわかりました。また、木口さんは「思いを伝える」ということをとても大事にしていらっしゃるので、単にどう節税するかだけでなく、どうすれば家族が仲良くやっていけるのかということも真剣に考えてくださいます。それも私たちが木口さんに100％の信頼を寄せている理由です。

木口さんご夫妻とは、お食事やお酒を何回もご一緒させていただいているのですが、木口さんは人の心の機微をいつもちゃんと受け止めてくださる方で、私たちがあることでとても悩んでいた時も適切なアドバイスをいただきました。だから本当に木口さんには、あらゆる面でお世話になっているんです。

木口さんに最初にお会いした頃は、自分たちにはどれくらいの資産があるのかさえ正確には把握しておらず、今後どうしていきたいのかといったことも正直見当がついていませんでした。でも、木口さんがいろいろなことを引き出してくださって、自分たちが理想とする未来の姿も具体的に見えてきました。

そのおかげで私たちは**これから先の未来を不安なく、自信を持って生きることができます**。それを提供してくださった木口さんや「相続未来図」のスタッフの方には本当に感謝していますし、これからもずっと変わらぬお付き合いをいただきたいと心から願っております。

＊　＊　＊

K様ご夫妻（関東在住）

木口社長とは12年くらい前に子ども同士が同じ幼稚園に通っていた縁で出会いました。

それ以来夫婦共に長くお付き合いさせていただいているのですが、本当に気さくで思いやりのある、そして、とにかくアクティブな方です。お話も本当に楽しくて、いつも元気をいただいています。

実は私の実家はある事業をやっているのですが、家族経営ということもあってうまくいかないことも多々あり、後継者として将来の事業展開について大きな不安を抱えていました。正直なことを言うと、自分自身が持っている経験や能力、リソースなどをもっと活かしたいという思いがあったのですが、具体的に何をすれば良いかわからず、悶々としていたんです。でも、ある時そのことを木口社長に相談したら、私の話を真剣に聞いてくださって、話しているうちに私も自分のやりたいことが明確になっていったんです。また、その時、事業分割という選択肢もあることを教えていただき、そういう方法があることは全く知らなかったのでとても驚いたのを覚えています。

その方面に関して私は全く知識がなかったので、その後はＣＦホームさんのお力を借り、最終的には実家が所有していた不動産物件の借り換えをして承継を行うことができました。

結果として私自身は家業を離れることになりましたが、自分の本当にやりたい事業を、時には木口社長に並走していただきながらもなんとか自己責任の中で行えるようになり、今では悩んでいた頃のことが嘘のように、ビジネス面でも大きな成長をすることができました。また、木口社長にアドバイスをいただき、将来的な相続のことも考えながら資産形成も進めています。

収入も以前とは比べ物にならないくらい増えたので家計も豊かになりましたが、それ以上に妻が喜んでくれたのは、**木口社長に会うたびに私がどんどん元**

気になり、家族の時間を大切にできるようになったことでした。木口社長のおかげでさまざまな悩みや葛藤が解消でき、心のゆとりというものが生まれたせいか、「家族の中に穏やかな空気が流れるようになったのが一番嬉しい」と言ってくれています。だから本当に木口社長には夫婦共々感謝してもしきれません。

非常に変化の速いビジネス界において、不安や悩みをお持ちの経営者の方も多いと思いますが、そういう方、特に私と同じように、家業で頑張っている後継者の方には「相続未来図」のサービスをぜひお勧めしたいと思っています。

不動産・相続・経営戦略においてのプロフェッショナルである木口社長や相続未来図のスタッフの方たちなら、普通では気づけないような選択肢があることを教えてくれますし、その中からどれを選ぶのがその人にとってベストなのかを、一緒に考えてくれると思います。しかも、**相談する側の利益になることだけを考えて的確なアドバイスを提供してくれるような会社は他にはない**のではないでしょうか。

これは私も妻も感じていることなのですが、木口社長は本当に質問が上手で、なんというか、心に刺さる質問で自分でも気づけなかった自分の考えに気づかせてくれるんです。だから、木口社長と過ごす時間は公私共に本当に楽しいですし、どんな時でも気さくに相談に乗ってくださるだけでなく、アドバイスも的確なので、本当にありがたく思っています。

私にとって、木口社長はビジネスの先輩でもあり、憧れでもあります。だから、これからも木口社長を真似しながら、そのあとを追うようなイメージで、自分も頑張っていきたいと思いますので、どうぞよろしくお願いします。

おわりに

「コーチング」というものに出会って、私の人生は大きく変わりました。

そして、私たちの「相続未来図」のサービスにもその手法を取り入れているのは、お客様の大きな可能性を広げるお手伝いをしたい一心からであることは本文でもお話ししたとおりです。

私をコーチングしてくださった高橋さんの言葉で忘れられないのが、**「コンサルティングだと、クライアントはコンサルタントをこえることはできない」**という話です。

つまり、大きな可能性を持たれているお客様でもコンサルをしたコンサルタント以上の成果や結果は出せないということです。この言葉は私にとって衝撃の一言でした。だからこそコンサルの中で「コーチング」を取り入れつつ、お客様の可能性を広げていきたい、そう思っています。

これからもお客様を間違った方向に導かないためにも、さらに自らの学びを深めていくつもりです。

私が7年後の55歳を一つのゴールとして描いているのは、60億円の不動産資産を持つということです。

なぜ、60億円なのかというと、それだけの不動産資産を持つことができれば、家賃収入だけでCFホームグループの社員への給料の全額が支払えるからです。

このような形で絶対的な経営の安定が得られれば、社員たちも会社の利益を一切気にせず、今以上にお客様のことだけを見ることができるでしょう。

そうすれば、社員たちも大好きな仕事をもっと楽しめるに違いありません。

世の中の幸せというのは、大切な仲間とともに、大好きな仕事に打ち込み、大切な人を幸せにして、自らが成長していくことだと私は思っています。

60億円もの資産が築けたとすれば、相続対策は欠かせませんが、そこは当然プロですから、遺された妻や子どもたちが相続税で苦しむことのない仕組み作りには着手しています。また、そのような仕組み作りに関しても、お客様と共有することを念頭に置いているので、これから先の私の経験は皆さんのお役にも立てると思います。

ただ、相続に関して正直な話をすると、私は不動産や会社などの有形資産の相続には強いこだわりはありません。ＣＦホームも、私が社員と共に作り上げてきた会社なので、子どもたちに受け継がせることは考えていません。

それよりも私が子どもたちにしっかりと受け継いでもらいたいと望んでいるのは、リーダーシップやたくさんの人たちから応援されるような、人としての在り方や考え方、人脈の大切さといった無形資産です。今の私があるのは妻を始めスタッフや仲間、お客様の応援があったからです。

このような「資産」を持っているのとそうでないのとでは、まるで違う人生になることを私は身をもって経験しています。

だからこそ、この無形資産こそが子どもたちへの最高のプレゼントだと私は思っています。そこから実際に、どういう夢を描き、どんな生き方を選ぶのかは、子どもたちそれぞれが自分自身で決めればいい。自分で考え、自分で選択したことに責任をもつ。それが私の子育ての方針です。

しかも私がこれまでの人生で築いてきた**「無形資産」というのは文字通り無形なので、自分の子どもたちだけでなく、未来ある子どもや若い人たちとも共有していくことが可能**です。そしてそれは、この先の人生で実現させたい私自身の大きな夢でもあります。

叶えることはできませんでしたが、私の子どもの頃の夢はプロ野球の選手になることでした。だからプロ野球選手を目指す子どもたちは特に応援したい気持ちが強いです。

プロ野球選手は、ESBIのクワドラントで言えばSです。しかも、言うなれば「究極の歩合制」の世界なので、活躍すれば大きなお金を手にすることができますが、結果を出せなければ減俸になります。場合によっては契約を解除されることもありますし、現役を退けば収入源を失います。

華やかな世界ではあっても、お金のことを気にすることなく野球に打ち込めるのは、一握りの選手だけ。投資などに手をだす人もいますが、知識がなければ失敗することもあり得ます。

でも、ＥＳＢＩのクワドラントの知識が小さい頃から身についていたら、大好きな野球に思い切り打ち込むためにも、Ｂ・Ｉで収入を得る仕組みを整えておこうという発想が持てるようになるのではないかと考えています。

第二の人生を考えたらアスリートにも勉強が必要だとよく言われますが、投資などに関してもしっかり勉強して正しい知識を得ていれば、お金の心配をすることなく、大好きな野球に打ち込むことができるはずです。

戦力外通告を受けた選手を特集した番組などを見ると、本当はもっと続けたい気持ちがあるにもかかわらず、収入がなくなったり激減したりしてしまうと家族を養えなくなる、という理由で、野球を諦めて、野球とは関係のない会社に就職する、という決断をする選手が出てきます。

もしそういう状況になった時、Ｂ・Ｉで家族を養える収入を得られていれば、お金のことは考えず新天地を探すことができるかもしれません。そうすれば大好きな野球を自分が納得するまで続けることができるのではないでしょうか。

私が実現させたい夢の一つにＥＳＢＩの考え方も併せて教えられるような小学生や中学生向きの「野球スクールの設立」ということを考えています。このような教育は、野球をしている子に限らず、全ての子どもたちに必要だと私は強く感じています。

最後にせっかくなので、２０２３年に完成したばかりの待望のオフィスの紹介もさせてください。

関連会社である「Juuri.inc」の作品でもある我が社のオフィスは、断熱と空調設計が徹底され、エアコンや暖房器具を使わず、１年中快適に過ごせます。また、オフィス内にはきれいな空気が流れていて、ちり、ほこり、ＰＭ２・５や花粉なども入ってきません。

快適なオフィス作りにこだわったのは、社員に気持ち良く仕事をしてもらうためでもありますが、それ以上の目的は、最高の空間でお客様ご自身の夢を描いていただきたかったからです。「相続未来図」のサービスについてもっと知りたいという方は、私たちのオフィスにもぜひ足をお運びください。

実は、富士山を見ながらミーティングや、コーチングができるような施設の建設も検討中で、それもあって私はたびたび山中湖を訪れています。この原稿も滞在している山中湖のホテルの部屋で書いているのですが、やはり格別に美味しい空気の中では、発想が膨らみ、夢がどんどん広がっていくのを強く実感しています。

ここまで読んでいただき、ありがとうございました。

皆さんが、夢を叶える「幸せな相続」への記念すべき第一歩を踏み出されることを、心から願っています。

本書の執筆、出版にあたり、全体の構成や編集において、たくさんの労をいただいた碇耕一さん、熊本りかさんに、心より感謝申し上げます。また、いつも私を支えてくれるＣＦホームグループのスタッフにも本当に感謝しています。

最後に、一番近くで私を支えてくれ、いつも勇気づけてくれる最愛の妻に感謝。

２０２４年春　山中湖の富士山が見えるホテルの一室にて

株式会社ＣＦホーム

代表取締役社長　木口 真人

木口真人
（きぐち・まさと）

株式会社CFホーム代表取締役。宅地建物取引士、公認不動産コンサルティングマスター、2級ファイナンシャル・プランニング技能士、全米エクササイズトレーナー協会認定トレーナー。

大手不動産仲介会社、地元密着型不動産会社を経て、2005年に、個人向け不動産仲介業にて起業。2010年に、不動産総合コンサルティング会社株式会社CFホームを設立。

不動産業に従事して30年弱。現在、不動産会社、設計事務所など６社の会社を経営し、相続コンサルなどをメイン業務に活動している。これまでの不動産取引件数は、延べ800件以上。RC １棟マンションを複数棟保有し、資産形成も同時に行っている。

夢をかなえる相続

2024年5月24日　初版第1刷発行

著　者……木口真人
発行者……高野陽一
発　行……サンライズパブリッシング株式会社
〒150-0043
東京都渋谷区道玄坂1-12-1
渋谷マークシティW22

発売元……株式会社飯塚書店
〒112-0002
東京都文京区小石川5丁目16-4

印刷・製本……中央精版印刷株式会社

ISBN978-4-7522-9037-7　C0036

プロデュース……水野俊哉
編集協力……熊本りか
装丁・DTP……本橋雅文
(orangebird)